Mit Dale Carnegie durchs Jahr

W0289848

Dale Carnegie

Mit Dale Carnegie durchs Jahr

Worte und Gedanken für jeden Tag

Scherz

Quellennachweis

Die Texte stammen aus folgenden Büchern Dale Carnegies:

Sorge dich nicht – lebe!

Die Kunst, zu einem von Ängsten und Aufregungen befreiten Leben zu finden

Überarbeitete Ausgabe nach der revidierten amerikanischen Fassung von 1984
Titel des Originals: «How to Stop Worrying and Start Living»
Copyright © 1944–1948 by Dale Carnegie
Copyright © 1984 by Donna Dale Carnegie und Dorothy Carnegie
Gesamtdeutsche Rechte beim Scherz Verlag, Bern–München–Wien

Wie man Freunde gewinnt

Die Kunst, beliebt und einflussreich zu werden

Überarbeitete und nach der revidierten amerikanischen Fassung ergänzte Neuausgabe
Titel des Originals: «How to Win Friends and Influence People»
Copyright © 1936 by Dale Carnegie
Copyright © 1981 by Donna Dale Carnegie und Dorothy Carnegie
Gesamtdeutsche Rechte beim Scherz Verlag, Bern–München–Wien

1. Auflage 2001
Copyright © dieser Zusammenstellung für den deutschsprachigen Raum mit Genehmigung des Verlages Simon & Schuster, New York, by Scherz Verlag, Bern, München, Wien.
Alle Rechte der Verbreitung, auch durch Funk, Fernsehen, fotomechanische Wiedergabe, Tonträger jeder Art und auszugsweisen Nachdruck, sind vorbehalten.
Umschlaggestaltung: Franziska Muster, Bern.

JANUAR

1.

JANUAR

Bedenkt, dass dieser Tag niemals wieder heraufdämmern wird», sagte schon Dante. Das Leben entschlüpft uns mit unglaublicher Schnelligkeit. Wir rasen mit einer Geschwindigkeit von mehr als dreißig Kilometern pro Sekunde durch das All. Das Heute ist unser kostbarster Besitz. Das Einzige, was wir ganz sicher besitzen.

2.

JANUAR

Auf die Zukunft bereitet man sich am besten vor, wenn man sich mit seiner ganzen Intelligenz und Begeisterung darauf konzentriert, die Arbeit von heute auch heute ganz vorzüglich zu leisten. Das ist die einzig mögliche Methode, sich auf die Zukunft vorzubereiten.

3.

JANUAR

Worte, die wir uns an den Badezimmerspiegel kleben sollten, so dass wir jedesmal, wenn wir uns das Gesicht waschen, auch alle Sorgen und Ängste aus unseren Gedanken waschen können:

> Gott gebe mir Gelassenheit,
> hinzunehmen, was nicht zu ändern ist.
> Mut, zu ändern, was ich ändern kann.
> Und Weisheit, zwischen beidem
> zu unterscheiden.

4.

JANUAR

Der Umgang mit Menschen ist wahrscheinlich das heikelste Problem, das wir zu lösen haben.

5.

JANUAR

Stellen Sie sich Ihr Leben einmal wie eine Sanduhr vor! Sie wissen, dass sich Hunderte von Sandkörnern im oberen Teil befinden und sie alle langsam und gleichmäßig durch den engen Hals in der Mitte rinnen. Nichts, was Sie oder ich tun, kann verhindern, dass ein Sandkorn nach dem anderen hindurchgleitet – außer Sie machen die Sanduhr kaputt. Sie und ich und alle Menschen sind wie diese Sanduhr. Morgens, wenn wir aufwachen, haben wir das Gefühl, Hunderte von Dingen an diesem Tag erledigen zu müssen, doch wenn wir nicht eins nach dem andern tun, langsam und gleichmäßig, so wie die Körner durch die Sanduhr rinnen, dann werden wir irgendwann körperlich und geistig zusammenbrechen.

6.

JANUAR

Lassen wir es nicht zu, dass wir uns über Nebensächlichkeiten aufregen, die wir nicht beachten, sondern schnellstens vergessen sollten. Denken Sie immer daran: Das Leben ist zu kurz für Kleinlichkeit!

7.

JANUAR

Das Wertvollste, was ich je lernte, ist, wie ungeheuer wichtig das ist, was wir denken. Wenn ich wüsste, was Sie denken, wüsste ich, was Sie sind, denn Ihre Gedanken machen Sie zu dem, was Sie sind. Durch die Veränderung unserer Gedanken vermögen wir unser Leben zu verändern.

8.

JANUAR

Bei fast allem, *was* du tust, kommt es darauf an, *wie* du es tust. Ist dir das Ergebnis wichtig genug, so wirst du es gewiss erreichen. Wünschst du, ein guter Mensch zu sein – so wirst du auch einer werden. Wünschst du, reich zu werden – so wirst du reich werden. Wünschst du, klug zu werden – so wirst du klug werden. Nur musst du diese Dinge wirklich wollen – mit Ausschließlichkeit wünschen – und nicht hundert andere damit unvereinbare Dinge genauso stark herbeisehnen.

9.

JANUAR

J. C. Penney, der Gründer der gleichnamigen Laden-Kette, sagte zu mir: «Ich würde mir keine Sorgen machen, und wenn ich den letzten Dollar verlöre, den ich besitze, weil ich nicht einsehe, was mir das nützen könnte. Ich tue einfach mein Möglichstes. Und überlasse alles andere den Göttern.»

Henry Ford erzählte ungefähr das Gleiche: «Wenn ich die Dinge nicht beeinflussen kann, dann lasse ich ihnen ihren Lauf.»

10.

JANUAR

Wenn Sie möchten, dass sich jemand in irgendeiner Beziehung verbessert, dann behandeln Sie ihn so, als würde er bereits in hohem Maße über die gewünschten Eigenschaften verfügen.

Am besten erklären Sie bei jeder passenden Gelegenheit, dass der andere diese oder jene Gabe besitzt, von der Sie gerne möchten, er würde sie besitzen. Er wird sich dann jede erdenkliche Mühe geben, Sie nicht zu enttäuschen und den guten Ruf zu rechtfertigen, den Sie über ihn in Umlauf gesetzt haben.

11.

JANUAR

Anstatt die Menschen zu verurteilen, sollten wir besser versuchen, sie zu verstehen. Versuchen herauszufinden, warum sie so und nicht anders handeln. Das ist vermutlich einträglicher und interessanter als Kritik. Dadurch schaffen wir eine Atmosphäre der Sympathie, Nachsicht und Güte. «Alles verstehen heißt alles verzeihen.»

12.

JANUAR

Hätten unsere Vorfahren nicht dieses brennende Verlangen nach Bedeutung gehabt, dann hätte es nie eine Zivilisation gegeben. Ohne Geltungsbedürfnis würden wir leben wie die Tiere.

13.

JANUAR

Wenn man die Gewohnheit, sich Sorgen zu machen, abschütteln will: Tun Sie etwas! Ein Mensch, der sich Sorgen macht, muss sich beschäftigen, oder er stirbt an Verzweiflung.

14.

JANUAR

Eddie Rickenbacker trieb einmal mit anderen Schiffbrüchigen 21 Tage lang in Schlauchbooten auf dem Pazifik, ehe sie aufgefischt wurden. Ich fragte ihn, was für einen Einfluss dieses Abenteuer auf sein Leben gehabt habe. «Ich habe vor allem daraus gelernt», sagte er, «dass man sich niemals über irgendetwas beklagen sollte, solange man genug frisches Wasser zum Trinken und genug Brot zum Essen hat.»

15.

JANUAR

Danken Sie Ihren Opponenten für ihr Interesse. Jeder, der sich die Mühe nimmt, Ihre Ansichten zu widerlegen, ist an der gleichen Sache interessiert wie Sie selbst. Betrachten Sie Ihre Gegner als Menschen, die Ihnen ehrlich helfen möchten, und Sie werden sie vielleicht zu Freunden machen.

16.

JANUAR

Im Frühjahr 1871 blätterte ein junger Mann in einem Buch und las zwanzig Worte, die für seine Zukunft von ausschlaggebender Bedeutung waren. Die zwanzig Worte, die dieser junge Medizinstudent in jenem Frühling las, trugen dazu bei, dass er der bekannteste Arzt seiner Zeit wurde.

Sein Name war Sir William Osler. Und hier sind die zwanzig Worte, die er damals las – zwanzig Worte des Historikers Thomas Carlyle, deren Beherzigung ihm half, ein Leben frei von Sorgen zu führen: «Unsere Hauptaufgabe ist nicht, zu sehen, was in vager Ferne liegt, sondern nur das zu tun, was das Nächstliegende ist.»

17.

JANUAR

Die meisten Leute besuchen höhere Schulen, lernen Latein, dringen in die Geheimnisse der Mathematik ein, aber nach welchem Gesetz der menschliche Denkapparat funktioniert, entdecken sie nie.

18.

JANUAR

Selbst in so technischen Berufen wie dem des Ingenieurs gehen nur 15 Prozent des finanziellen Erfolges auf Konto des technischen Könnens, der ganze Rest von 85 Prozent aber ist dem Geschick im Umgang mit Menschen zuzuschreiben – der Persönlichkeit und den Führungseigenschaften.

19.

JANUAR

Wenn Sie Sorgen haben, tun Sie Folgendes:

1. Fragen Sie sich: Was könnte als Schlimmstes passieren?
2. Seien Sie bereit, dies notfalls zu akzeptieren.
3. Dann machen Sie sich in aller Ruhe daran, es nach besten Kräften zu ändern.

20.

JANUAR

Eine der tragischsten Eigenschaften der menschlichen Natur ist der Hang, das Leben aufzuschieben. Wir alle träumen von einem verzauberten Rosengarten hinter dem Horizont – statt uns über die Rosen zu freuen, die heute vor unserem Fenster blühen.

21.

JANUAR

Wenn Sie oder einer Ihrer Mitarbeiter versucht sind, sich über ein Problem viele Sorgen zu machen, schreiben Sie die folgenden Fragen auf und beantworten Sie sie:

a) Wie lautet das Problem?

b) Was ist die Ursache?

c) Welche Lösungen sind möglich?

d) Welche Lösung ist die beste?

22.

JANUAR

Lernen ist ein aktiver Prozess. Wir lernen, indem wir etwas tun. Nur Wissen, das angewendet wird, bleibt im Gedächtnis haften.

23.

JANUAR

Der beste Rat an alle, die im Geschäft, zu Hause, in der Schule oder in der Politik einflussreich sein möchten, lautet: Man muss immer zuerst beim anderen das Bedürfnis wecken, das zu tun, was wir von ihm wünschen. Wem dies gelingt, der hat die ganze Welt auf seiner Seite. Der andere aber wandelt auf einsamem Pfad.

24.

JANUAR

Wenn Ihnen das nächste Mal im Restaurant ein Filet besonders geschmeckt hat, lassen Sie es dem Küchenchef mitteilen, und bedanken Sie sich, wenn eine müde Verkäuferin speziell freundlich zu Ihnen ist.

Jeder Politiker, Vortragende oder Redner kennt das enttäuschende Gefühl, vor einer Zuhörerschaft zu stehen, die nicht einen einzigen Ton der Anerkennung äußert. Und was für diese Menschen gilt, gilt doppelt für alle, die in Büros, Verkaufsgeschäften und Fabriken arbeiten, gilt für unsere Familie und unsere Freunde. Im Umgang mit ihnen sollten wir nie vergessen, dass sie menschliche Wesen sind, die nach Anerkennung hungern.

25.

JANUAR

Der Mensch, der sich für seine Mitmenschen nicht interessiert, hat im Leben die meisten Schwierigkeiten und fügt andern am meisten Schaden zu. Solche Menschen sind die Ursache allen menschlichen Elends.

26.

JANUAR

Haben Sie je daran gedacht, dass der Hund das einzige Tier ist, das sich seinen Lebensunterhalt nicht verdienen muss? Ein Huhn muss Eier legen, ein Kanarienvogel muss singen, aber ein Hund verdient sein Leben einzig und allein damit, dass er Sie gern hat.

27.

JANUAR

Wenn Sie beliebt sein wollen, wenn Sie echte Freundschaft suchen, wenn Sie anderen und sich gleichzeitig helfen wollen, merken Sie sich: Interessieren Sie sich aufrichtig für die anderen.

28.

JANUAR

Versuchen Sie auf Ihrem täglichen Weg einige Fünkchen Dankbarkeit fallen zu lassen, und Sie werden überrascht feststellen, dass daraus kleine Flämmchen der Freundschaft entstehen, die bei Ihrem nächsten Besuch wie Leuchtfeuer strahlen.

29.

JANUAR

Die wichtigsten Methoden zum Analysieren von Angst

Sammeln Sie die Fakten.

Wägen Sie sorgfältig alle Fakten gegeneinander ab und treffen Sie dann eine Entscheidung!

Wenn Sie eine gründlich überlegte Entscheidung getroffen haben, handeln Sie! Machen Sie sich eifrig daran, sie zu verwirklichen – und lassen Sie Grübeleien über das Ergebnis sein!

30.

JANUAR

Jeder Narr kann kritisieren, verurteilen, reklamieren – und die meisten Narren tun es auch. Aber um zu verstehen und zu verzeihen – dazu braucht es Charakter und Selbstbeherrschung.

31.

JANUAR

Wenn wir Freunde gewinnen wollen, dann müssen wir die Menschen mit Freude und Begeisterung begrüßen. Das gilt auch am Telefon. Legen Sie in Ihren Gruß einen Ton, der erkennen lässt, wie erfreut Sie über diesen Anruf sind. Das gibt dem Anrufenden das Gefühl, dass Sie sich für ihn interessieren. Denken Sie daran, wenn Sie das nächste Mal den Hörer abnehmen.

FEBRUAR

1.

FEBRUAR

Bei weitem die wichtigste Lektion, die ich je lernte, war die Entdeckung, welche Bedeutung unsere Gedanken haben. Wenn ich wüsste, was Sie denken, würde ich auch wissen, was Sie sind. Unsere Gedanken machen uns zu dem, was wir sind. Unsere geistige Einstellung ist der Faktor X, der unser Schicksal bestimmt. Der Dichter Emerson sagte: «Ein Mensch ist das, was er den ganzen Tag denkt …» Wie könnte er denn etwas anderes sein?

2.

FEBRUAR

Ungerechte Kritik ist oft ein verkapptes Kompliment. Vergessen Sie nicht: Einen toten Hund tritt man nie.

3.

FEBRUAR

Die Tatsache, dass wir die Geheimnisse unseres Körpers oder der Elektrizität oder eines Benzinmotors nicht völlig verstehen, hindert uns nicht daran, das alles zu verwenden und uns darüber zu freuen. Die Tatsache, dass ich das Mysterium des Gebets und der Religion nicht begreife, hindert mich nicht mehr daran, ein Leben zu führen, das durch meinen Glauben reicher und glücklicher geworden ist. Endlich habe ich eingesehen, wie weise Santayanas Worte sind: «Der Mensch ist nicht gemacht, um das Leben zu verstehen, sondern um es zu leben.»

4.

FEBRUAR

Es soll möglich sein, alle Probleme zu vergessen, wenn man gelernt hat, seine Augenmuskeln völlig zu entspannen. Der Grund, warum die Augen für den Abbau nervöser Spannungen so wichtig sind, liegt darin, dass sie ein Viertel der vom Körper verbrauchten Nervenenergie verbrennen. Deshalb leiden auch so viele Menschen mit vollkommen normaler Sehkraft an «Augenbrennen». Sie spannen ihre Augen zu sehr an.

Sie können in den seltsamsten Augenblicken entspannen, fast überall und immer. Fangen Sie damit an, dass Sie sich vorstellen, wie Sie Ihre Augen- und Gesichtsmuskeln entspannen, und wiederholen Sie immer wieder: «Lasst los! Lasst los … loslassen und entspannen.» Spüren Sie, wie die Energie aus Ihren Gesichtsmuskeln zum Zentrum Ihres Körpers fließt? Stellen Sie sich so frei von Spannungen vor wie ein Baby.

5.

FEBRUAR

Wenn man sich einer Sache verschreibt, die unendlich viel größer ist als man selbst, ist das eine sichere Methode, seinen Feinden vergeben zu können und sie zu vergessen. Beleidigungen und Feindseligkeiten werden völlig unwichtig, weil man nur an sein großes Ziel denkt und für alles andere völlig unempfänglich wird.

6.

FEBRUAR

Denken und handeln Sie voll Heiterkeit, dann empfinden Sie auch heiter.

7.

FEBRUAR

Im 1. Buch Mose steht, dass Gott, der Schöpfer, dem Menschen die Herrschaft über die ganze weite Welt gab. Ein mächtig großes Geschenk. Aber ich bin an solchen riesigen Hoheitsrechten nicht interessiert. Ich möchte nur die Herrschaft über mich selbst erlangen – Herrschaft über meine Gedanken, Herrschaft über meine Ängste, Herrschaft über meinen Geist. Und das Wunderbare dabei ist, dass ich diese Herrschaft bis zu einem erstaunlichen Grad erreichen kann und ich es auch weiß, und zwar, wann ich will – einfach durch die Kontrolle meiner Handlungen, die wiederum meine Reaktionen darauf beeinflussen.

8.

FEBRUAR

Falls mich mein Leben überhaupt etwas gelehrt hat, dann das Folgende: «Nichts kann dir Frieden geben, nur du selbst.»

9.

FEBRUAR

Die erstaunlichste Erklärung, die ich von einem Psychiater je gelesen habe, stammt aus der Feder des großen Alfred Adler. Er pflegte zu seinen Patienten, die an Melancholie litten, zu sagen: «Sie können in vierzehn Tagen geheilt sein, wenn Sie folgenden Rat beherzigen: Bemühen Sie sich jeden Tag herauszufinden, wie Sie jemand eine Freude machen können.»

10.

FEBRUAR

Dr. Gerald Nirenberg schrieb in seinem Buch zum Thema, wie man an den Menschen herankommt: «Ein echtes Gespräch kann nur entstehen, wenn Sie dem Gesprächspartner zeigen, dass Sie seine Ideen und Gefühle für ebenso wichtig erachten wie Ihre eigenen. Beginnen Sie das Gespräch, indem Sie dem andern dessen Zweck oder Ziel bekannt geben; bedenken Sie bei allem, was Sie sagen, ob Sie das auch gerne hören möchten, wenn Sie der Zuhörer wären; akzeptieren Sie den Standpunkt des andern, und Ihre Vorschläge und Ideen werden offene Ohren finden.»

11.

FEBRUAR

Es wird behauptet, dass fast alle unsere Ängste und Sorgen, unser Unglücklichsein, von unserer Einbildungskraft verursacht werden und mit der Realität nichts zu tun haben. Wenn ich auf die letzten Jahrzehnte zurückblicke, stelle ich fest, dass dies bei mir tatsächlich so war.

12.

FEBRUAR

Wenn Ihnen zum Beispiel irgendetwas nicht gefällt, so ist es viel leichter, zu kritisieren und zu verurteilen, als den Versuch zu machen, den andern und seinen Standpunkt zu verstehen. Man findet oft schneller etwas Tadelnswertes als etwas Lobenswertes. Wir neigen eher dazu, über unsere eigenen Wünsche zu sprechen als über das, was der andere möchte.

13.

FEBRUAR

Das Erste, was Sie über Sorgen und Ängste wissen sollten, ist dies: Wenn Sie sie von Ihrem Leben fern halten wollen, schließen Sie die eisernen Türen zur Vergangenheit und Zukunft. Gliedern Sie Ihr Leben in Einheiten von Tagen.

14.

FEBRUAR

Etwa neunzig Prozent aller Dinge in unserem Leben sind in Ordnung, nur etwa zehn Prozent sind es nicht. Wenn wir glücklich sein wollen, brauchen wir uns nur auf diese neunzig Prozent zu konzentrieren und die zehn, die nicht in Ordnung sind, nicht zu beachten. Wenn wir aber verbittert und ängstlich sein und ein Magengeschwür bekommen wollen, müssen wir es genau umgekehrt machen und nur die zehn Prozent sehen, die nicht so sind, wie wir es uns wünschen. Die Worte «Denke und danke» stehen in vielen englischen Kirchen aus der Zeit Cromwells. Auch wir sollten sie immer in unserem Herzen bewahren. Denken wir an all das, wofür wir dankbar sein müssen, und danken wir Gott für alle Gaben und Wohltaten!

15.

FEBRUAR

Loben Sie jeden Erfolg, auch den geringsten. Seien Sie herzlich in Ihrer Anerkennung und großzügig mit Lob.

16.

FEBRUAR

Lernen ist ein aktiver Prozess. Wir lernen, indem wir etwas tun. Wenn Sie also Regeln beherrschen wollen, dann müssen Sie etwas damit anfangen. Wenden Sie sie also bei jeder Gelegenheit an, sonst vergessen Sie sie gleich wieder. Nur Wissen, das angewendet wird, bleibt im Gedächtnis.

17.

FEBRUAR

Ich habe festgestellt, dass es gar nicht so schwierig ist, immer nur einen Tag auf einmal zu leben. Ich habe gelernt, das Gestern zu vergessen und an morgen nicht zu denken. Jeden Morgen sage ich zu mir: «Heute fängt ein neues Leben an.»

18.

FEBRUAR

Warum stellen Sie sich nicht einmal die folgenden Fragen und schreiben die Antworten auf?

1. Neige ich dazu, das Leben in der Gegenwart auf später zu verschieben, mir über die Zukunft Sorgen zu machen und mich nach einem «verzauberten Rosengarten hinter dem Horizont» zu sehnen?
2. Mache ich mir manchmal die Gegenwart schwer, weil ich Dinge bedaure, die in der Vergangenheit geschehen sind und die längst vorbei und erledigt sind?
3. Stehe ich morgens mit dem Vorsatz auf, den Tag zu nützen – das heißt, das meiste aus diesen vierundzwanzig Stunden herauszuholen?
4. Kann ich mehr aus meinem Leben machen, wenn ich es in Einheiten von Tagen gliedere?
5. Wann soll ich damit anfangen? Nächste Woche … morgen … *heute?*

19.

FEBRUAR

Wir sollten uns immer daran erinnern, was William James einmal so ausdrückte: «Vieles von dem, was wir Übel nennen … kann häufig in etwas Gutes verwandelt werden, das erfrischt und belebt, wenn der Betroffene einfach seine innere Einstellung ändert und nicht mehr von Gedanken an Angst beherrscht wird, sondern an Kampf.»

Kämpfen wir um unser Glück.

Kämpfen wir um unser Glück, und machen wir uns ein Tagesprogramm mit fröhlichen und positiven Gedanken.

20.

FEBRUAR

Hören wir damit auf, immer nur an unsere Vollkommenheit und an unsere Wünsche zu denken. Versuchen wir doch, die guten Seiten der anderen zu entdecken. Vergessen wir die Schmeichelei und spenden wir aufrichtige, ehrliche Anerkennung.

21.

FEBRUAR

Finden Sie zu sich selbst und stehen Sie zu sich selbst, denn: Kein anderer Mensch auf der Erde ist so wie Sie!

22.

FEBRUAR

Von wem, glauben Sie, stammt dies: «Wenn Egoisten Sie ausnützen wollen, streichen Sie sie von Ihrer Liste, aber versuchen Sie nicht, sich zu rächen. Sonst schaden Sie sich selbst mehr als den andern …» Die Worte klingen, als habe sie irgendein sternäugiger Idealist gesagt. Das stimmt aber nicht. Die Sätze stehen in einer Mitteilung der Polizeiverwaltung von Milwaukee.

23.

FEBRUAR

Es gibt Tausende von Menschen, Menschen, die aus «Undankbarkeit», Einsamkeit und Herzlosigkeit krank sind. Sie sehnen sich nach Liebe. Aber es gibt nur eine einzige Möglichkeit auf dieser Welt, wie man Liebe bekommt – wenn überhaupt: Man muss aufhören, sie zu fordern, und anfangen, Liebe zu geben, ohne die Hoffnung, dafür einen Gegenwert zu erhalten.

24.

FEBRUAR

Fünfzehntausend Patienten wurden wegen Magenbeschwerden in der Mayo-Klinik behandelt. Bei vier von fünf Patienten fand man keine körperliche Ursache für ihre Beschwerden. Angst, Sorgen, Hass, übersteigerte Egozentrik und die Unfähigkeit, sich der Realität des Lebens anzupassen – dies waren zum größten Teil die Ursachen ihrer Magenleiden und -geschwüre ... Magengeschwüre können tödlich sein!

25.

FEBRUAR

Die Menschen sind dermaßen stolz auf ihre Namen, dass sie alles dransetzen, um sie zu verewigen.

26.

FEBRUAR

Als ich zurückblickte und über meine eigene Ausbildung nachdachte, erkannte ich, dass für mich mehr als alle andern Studien zusammengenommen das Training und die Erfahrungen im Sprechen in der Öffentlichkeit von praktischem Wert gewesen waren, sowohl im Beruf wie im Leben. Warum? Weil ich dadurch meine Schüchternheit und meine Unsicherheit verloren und Mut und Selbstvertrauen gewonnen hatte, so dass ich mit Menschen umgehen konnte. Mir war dabei auch klar geworden, dass gewöhnlich derjenige die Führungsrolle übernimmt, der aufstehen und sagen kann, was er denkt.

27.

FEBRUAR

Hören Sie zuerst zu. Geben Sie Ihren Opponenten Gelegenheit zu sprechen. Lassen Sie sie ausreden. Protestieren Sie nicht, wehren Sie sich nicht, diskutieren Sie nicht. Damit schaffen Sie nur Hindernisse. Versuchen Sie Brücken zu schlagen zu einer Verständigung. Machen Sie die Missverständnisse nicht noch größer.

28.

FEBRUAR

Achten Sie des andern Meinung und sagen Sie ihm nie: «Das ist falsch.»

29.

FEBRUAR

Grundsätze werden nur dann zur Gewohnheit, wenn man sie sich unablässig in Erinnerung ruft und sie anwendet.

Einen andern Weg gibt es nicht.

MÄRZ

1.

MÄRZ

Unterstreichen und Markieren machen das Lesen interessanter, und außerdem findet man wichtige Stellen nachher leichter wieder.

Ich schrieb einmal zwei Jahre lang an einem Buch über die Kunst, in der Öffentlichkeit zu sprechen. Trotzdem musste ich von Zeit zu Zeit immer wieder darin nachlesen, um mich zu erinnern, was ich in meinem eigenen Buch geschrieben hatte. Es ist erstaunlich, wie schnell man vergisst.

2.

MÄRZ

Tragen Sie stets und ohne Vorbehalt dem Selbstbewusstsein des andern Rechnung.

3.

MÄRZ

Anerkennung gehört in unserem täglichen Leben zu den am meisten vernachlässigten Tugenden. Aus Gedankenlosigkeit unterlassen wir es, unseren Sohn oder unsere Tochter zu loben, wenn sie gute Zeugnisse nach Hause bringen, und wir versäumen es, unsere Kinder zu ermutigen, wenn sie ihren ersten Kuchen gebacken oder ein Vogelhaus gebastelt haben. Dabei macht nichts Kinder so glücklich wie elterliche Anteilnahme und Anerkennung.

4.

MÄRZ

Einen Menschen zu kränken ist weder angebracht, noch ändert es ihn. Es gibt ein altes Sprichwort, und ich habe es ausgeschnitten und an den Spiegel gesteckt, damit ich es jeden Tag unweigerlich sehe:

Ich gehe diesen Weg nur ein einziges Mal; alles Gute und Freundliche, das ich irgendeinem Menschen erweisen oder bezeigen kann, lasst mich deshalb sogleich tun. Lasst es mich nicht hinausschieben und nicht vernachlässigen, denn ich werde diesen Weg kein zweites Mal gehen.

5.

MÄRZ

Ein gutes Gedächtnis ist Gold wert.

6.

MÄRZ

Als kleiner Junge spielte ich mit ein paar Freunden einmal auf dem Dachboden eines alten leeren Holzhauses. Als ich dann wieder vom Dachboden klettern wollte, blieb ich einen Augenblick auf einem Fensterbrett stehen – und sprang auf den Boden hinunter. Am linken Zeigefinger trug ich einen Ring, und mit diesem Ring blieb ich an einem Nagel hängen und riss mir den Finger ab.

Ich schrie. Ich war zu Tode erschrocken. Ich war überzeugt, dass ich sterben würde. Als dann die Hand verheilt war, habe ich nie wieder daran gedacht. Was hätte es für einen Zweck gehabt …? Ich fügte mich ins Unvermeidliche.

Jetzt vergeht oft ein Monat, bis mir plötzlich wieder einmal bewusst wird, dass ich nur drei Finger und einen Daumen an der linken Hand habe.

7.

MÄRZ

Grundregeln für den Umgang mit Menschen

Regel 1	Kritisieren, verurteilen und klagen Sie nicht.
Regel 2	Geben Sie ehrliche und aufrichtige Anerkennung.
Regel 3	Wecken Sie in andern lebhafte Wünsche.

*

8.

MÄRZ

Gott selbst wartet mit seinem Urteil über den Menschen bis zum letzten Tag. Warum sollten wir es da anders halten?

9.

MÄRZ

Denken Sie immer an den hohen Preis, den Ihre Sorgen und Ängste von Ihrer Gesundheit fordern können. Wer nicht weiß, wie man Angst und Sorgen bekämpft, stirbt früh.

10.

MÄRZ

Eines der besten Mittel gegen Schlafstörungen ist körperliche Anstrengung: Gartenarbeit, Schwimmen, Tennis, Golf, Skifahren oder einfach Schwerarbeit. Wenn wir müde genug sind, zwingt uns die Natur zu schlafen, selbst wenn wir noch auf den Beinen sind.

11.

MÄRZ

Wer sich für andere interessiert, gewinnt in zwei Monaten mehr Freunde als jemand, der immer nur versucht, die andern für sich zu interessieren, in zwei Jahren.

Sie und ich kennen Menschen, die ihr ganzes Leben lang versuchen, die andern für sich zu interessieren. Natürlich klappt das nicht. Die Leute sind weder an Ihnen noch an mir interessiert. Sie interessieren sich ausschließlich für sich selbst – am Morgen, am Mittag, am Abend.

12.

MÄRZ

Jeder Psychiater wird Ihnen bestätigen, dass Arbeit – Beschäftigtsein – eines der wirksamsten bekannten Beruhigungsmittel für kranke Nerven ist.

13.

MÄRZ

Wenn man sich genug Zeit nimmt und alle Fakten unparteiisch und objektiv sammelt, verschwinden Sorgen und Nöte im Licht dieses Wissens in den meisten Fällen.

14.

MÄRZ

Unsere Tendenz, immer an das zu denken, was wir nicht besitzen, ist die größte Tragödie auf dieser Erde. Vielleicht ist sie an mehr Elend schuld als alle Kriege und Krankheiten der Geschichte.

15.

MÄRZ

Wenn wir unsere Feinde hassen, verleihen wir ihnen Macht über uns: Macht über unseren Schlaf, über unseren Appetit, unseren Blutdruck, unsere Gesundheit und unser Glück. Unsere Feinde würden tanzen vor Freude, wenn sie ahnten, wie sie uns ängstigen und quälen und sich an uns rächen! Unser Hass verletzt sie nicht im Geringsten, aber er verwandelt unsere eigenen Tage und Nächte in eine Hölle.

16.

MÄRZ

Wir können unsere Gefühle nicht einfach durch einen spontanen Entschluss ändern, wir können aber unser Handeln ändern. Und damit ändert sich automatisch das Gefühl. Deshalb ist der ideale und bewusste Weg zur Heiterkeit – wenn Sie sie verloren haben –, gelassen dazusitzen und zu handeln und zu sprechen, als seien Sie schon heiter.

17.

MÄRZ

Zählen Sie die Geschenke – nicht die Probleme!

18.

MÄRZ

Beruhigen Sie Ihre Nerven durch langsames, regelmäßiges Atmen. Atmen Sie von tief unten. Die indischen Yogis haben Recht: Gleichmäßiges Atmen ist eine der besten Methoden, die je entdeckt wurden, um die Nerven zu beruhigen.

Denken Sie an die Falten und Runzeln in Ihrem Gesicht und glätten Sie sie. Lösen Sie die Sorgenfalten auf, die Sie zwischen den Brauen spüren und neben den Mundwinkeln. Machen Sie dies zweimal täglich. Vielleicht brauchen Sie dann keine Schönheitsmassagen mehr. Vielleicht verschwinden die Falten sogar ganz.

19.

MÄRZ

Bernard Baruch war Vertrauter und Berater von sechs Präsidenten. Ich fragte ihn einmal, ob ihn die Angriffe seiner Feinde je beunruhigt hätten. «Kein Mensch kann mich demütigen oder beunruhigen», antwortete er. «Ich lasse es nicht zu.»

Sie und mich – uns kann auch niemand demütigen oder beunruhigen – außer wir lassen es zu.

20.

MÄRZ

Im Umgang mit Menschen dürfen wir nie vergessen, dass wir es nicht mit logischen Wesen zu tun haben, sondern mit Wesen voller Gefühle, Vorurteile, Stolz und Eitelkeit.

21.

MÄRZ

Eine Untersuchung über davongelaufene Ehefrauen wurde durchgeführt. Was denken Sie, aus welchem Grund diese Frauen hauptsächlich davongelaufen sind? Wegen «Mangel an Anerkennung». Ich möchte wetten, dass eine ähnliche Umfrage bei davongelaufenen Ehemännern zum gleichen Resultat führen würde. Wir betrachten oft unseren Ehepartner als etwas so Selbstverständliches, dass wir gar nicht daran denken, ihm unsere Anerkennung zu zeigen.

22.

MÄRZ

Einen der nützlichsten Ratschläge im Umgang mit Menschen gab uns Henry Ford: «Wenn es überhaupt ein Geheimnis des Erfolges gibt, so besteht es in der Fähigkeit, sich auf den Standpunkt des anderen zu stellen und die Dinge ebenso von seiner Warte aus zu betrachten wie von unserer.»

Das ist so einfach, so einleuchtend – und doch verstoßen neunzig Prozent aller Menschen in neunzig von hundert Fällen gegen dieses Gebot.

23.

MÄRZ

Wenn wir eine geistige Haltung entwickeln wollen, die uns Frieden und Glück bringt, sollten wir nie vergessen: Wenn das Schicksal uns eine Zitrone gibt – machen wir Zitronenlimonade daraus!

24.

MÄRZ

Den Standpunkt des andern zu berücksichtigen und in ihm den dringenden Wunsch nach einer bestimmten Sache zu wecken will nicht heißen, dass man den andern so lange beschwatzen soll, bis er etwas tut, das nur zu Ihrem Vorteil und für ihn von Nachteil ist. Jede Partei muss bei einem solchen Handel gewinnen.

25.

MÄRZ

Ich bin tief überzeugt, dass unser innerer Friede und die Freude, die wir am Leben haben, nicht davon abhängen, wo wir sind oder was wir haben oder wer wir sind, sondern allein von unserer geistigen Einstellung. Die äußeren Umstände haben damit sehr wenig zu tun.

26.

MÄRZ

Es gibt ein äußerst wichtiges Gesetz im Umgang mit Menschen. Wenn wir diesem Gesetz gehorchen, geraten wir kaum je in Schwierigkeiten. Im Gegenteil: Wir verschaffen uns dadurch unzählige Freunde und ein immerwährendes Glücksgefühl. Im selben Augenblick jedoch, da wir dieses Gesetz verletzen, müssen wir mit fortwährendem Ärger rechnen. Dieses Gesetz lautet: Bestärke den andern immer in seinem Selbstgefühl.

27.

MÄRZ

Ralph Waldo Emerson und sein Sohn versuchten einmal gemeinsam, ein Kalb in den Stall zu bringen. Sie machten aber beide den Fehler, dass sie nur an das dachten, was *sie* wollten. Der Junge zerrte an dem Tier, und Emerson schob es von hinten. Das Kalb aber wollte etwas anderes. Deshalb machte es die Beine steif und weigerte sich hartnäckig, die Weide zu verlassen. Das irische Dienstmädchen erfasste die Lage augenblicklich. Sie konnte zwar keine gelehrten Abhandlungen und Bücher schreiben, aber in dieser Situation bewies sie mehr gesunden Menschenverstand – oder Kälberverstand – als Emerson. Sie wusste genau, was das Kalb gern hatte, steckte ihm die Finger ins Maul und ließ es daran lutschen, während sie es sanft in den Stall führte.

28.

MÄRZ

Wenn es möglich ist, dass der Geltungstrieb Menschen in die Arme des Wahnsinns treibt, so kann man sich leicht vorstellen, was man mit ehrlicher Anerkennung beim normalen Menschen zu erreichen vermag.

29.

MÄRZ

Worin besteht die geheimnisvolle Kunst einer erfolgreichen geschäftlichen Besprechung? Nach Charles W. Eliot, dem einstigen Rektor von Harvard, ist die Kunst, eine geschäftliche Verhandlung mit Erfolg zu führen, absolut kein Geheimnis. «Wichtig ist, dass man dem andern mit ungeteilter Aufmerksamkeit zuhört. Nichts schmeichelt ihm mehr.»

30.

MÄRZ

König Georg V. hatte an der Wand seines Arbeitszimmers im Buckingham-Palast sechs Wahlsprüche hängen. Einer davon lautete: «Man soll niemals billiges Lob austeilen noch annehmen.» Was ist Schmeichelei anderes als «billiges Lob»? Ich las einmal die folgende Definition von Schmeichelei: «Schmeichelei ist, wenn man einem andern Mensch genau das sagt, was er von sich selbst denkt.»

31.

MÄRZ

Die wirksamste Methode, seine Heiterkeit zurückzugewinnen, wenn man sie verloren hat, besteht darin, sich so zu verhalten, zu handeln und zu sprechen, als ob man bereits wieder fröhlich wäre …

APRIL

1.

APRIL

Wenn Sie und ich herumlaufen und uns über die Undankbarkeit der Welt beschweren, wer ist schuld? Ist es die menschliche Natur – oder ist es unsere Unkenntnis der menschlichen Natur? Am besten, wir erwarten keine Dankbarkeit. Wenn sich dann doch einmal jemand bedankt, ist die Freude und Überraschung umso größer. Wenn nicht – ist das auch kein Beinbruch.

2.

APRIL

Vor bald zweitausend Jahren erklärte Epiktet, dass wir ernten, was wir säen, und uns das Schicksal immer irgendwie zwingt, für unsere Missetaten zu bezahlen.

«Auf die Dauer gesehen», sagte Epiktet, «wird jeder Mensch für seine üblen Taten bestraft. Wer dies nicht vergisst, wird sich nie über jemand ärgern oder empört sein, wird nie jemand beschimpfen oder ihm Vorwürfe machen, wird nie jemand beleidigen oder hassen.»

3.

APRIL

Wenn Ihnen aber nun nicht nach Lächeln zumute ist? Was dann? Zwingen Sie sich dazu. Sind Sie allein, dann zwingen Sie sich, eine Melodie zu pfeifen, zu singen oder zu summen. Tun Sie so, als fühlten Sie sich glücklich. Das wird Ihnen nämlich helfen, sich glücklich zu fühlen.

4.

APRIL

Wer sich für andere interessiert, ist überall willkommen.

5.

APRIL

Nehmen wir einmal an, Sie wollen morgen jemanden veranlassen, etwas Bestimmtes zu tun. Nun überlegen Sie erst, bevor Sie sprechen, und fragen Sie sich: Wie kann ich ihn dazu bringen, dass er es *tun möchte?*

Diese Frage hält Sie davon ab, die andern zwecklos Hals über Kopf mit Ihren eigenen Wünschen zu überfallen.

6.

APRIL

Kein Mensch hat genug Gefühl und Energie, gegen das Unvermeidliche anzukämpfen, und gleichzeitig noch überschüssige Kraft, das Leben neu zu gestalten. Man muss wählen – das eine oder das andere. Man kann entweder den unvermeidlichen Hagelstürmen des Lebens nachgeben oder sich dagegenstemmen und daran zerbrechen.

7.

APRIL

Wenn wir aufrichtig anerkennen und großzügig loben, werden die Menschen unsere Worte bewahren und sich eine Ewigkeit daran erinnern – noch Jahre, nachdem wir sie längst vergessen haben.

8.

APRIL

Sechs Möglichkeiten, sich beliebt zu machen

Regel 1 Interessieren Sie sich aufrichtig für die andern.

Regel 2 Lächeln Sie!

Regel 3 Vergessen Sie nie, dass für jeden Menschen sein Name das schönste und wichtigste Wort ist.

Regel 4 Seien Sie ein guter Zuhörer. Ermuntern Sie andere, von sich selbst zu sprechen.

Regel 5 Sprechen Sie von Dingen, die den andern interessieren.

Regel 6 Bestärken Sie den andern in aufrichtiger Weise in seinem Selbstbewusstsein.

9.

APRIL

Es ist offensichtlich, dass uns die Umstände allein nicht glücklich oder unglücklich machen. Es ist die Art unserer Reaktion darauf, die unsere Gefühle bestimmt. Jesus sagte, dass das Himmelreich in uns sei. Doch dort ist auch das Reich der Hölle.

Wir alle können Schicksalsschläge aushalten und mit ihnen fertig werden – wenn wir müssen. Vielleicht bezweifeln wir es, doch wir haben erstaunliche innere Kräfte, die uns helfen, wenn wir es nur zulassen. Wir sind stärker, als wir glauben.

10.

APRIL

Eine kurze Ruhepause enthält so viel Energie, dass sogar fünf Minuten Schlaf schon ausreichen, dass wir nicht müde werden.

11.

APRIL

Der größte Auftrag der Religion ist immer gewesen ‹Liebe deinen Nächsten› … Es ist das Individuum, das an seinen Mitmenschen nicht interessiert ist, das die größten Schwierigkeiten im Leben hat und andern das größte Unrecht zufügt. Daher rührt alles menschliche Versagen …

12.

APRIL

Keine Zeit für Sorgen! Genau das sagte auch Winston Churchill, als der Zweite Weltkrieg tobte und er achtzehn Stunden am Tag arbeitete. Als man ihn fragte, ob er nicht Angst habe, weil er eine so irrsinnige Verantwortung tragen müsse, meinte er: «Ich bin zu beschäftigt. Ich habe keine Zeit, mir Sorgen zu machen.»

13.

APRIL

Warum machen wir uns und unsere Umgebung traurig und unglücklich, wenn wir Glück und Freude verbreiten könnten, indem wir einfach so tun, als ob wir fröhlich wären?

14.

APRIL

Je genauer ich den Werdegang erfolgreicher Menschen betrachte, desto überzeugter werde ich, dass erstaunlich vielen der Durchbruch gelang, weil sich ihnen am Anfang Hindernisse in den Weg stellten, die sie zu großem Eifer anspornten und zu großen Zielen.

15.

APRIL

Die Anhänger des Propheten Mohammed ließen sich häufig Koranverse auf die Brust tätowieren. Am liebsten würde ich jedem meiner Leser dieses Motto auf die Brust tätowieren: «Wer nicht weiß, wie man Angst und Sorgen bekämpft, stirbt früh.»

16.

APRIL

Niemand ist so unglücklich wie derjenige, der etwas anderes oder jemand anders sein möchte als die Person, die er seinem Körper und seinem Geist nach ist.

17.

APRIL

Die berühmteste Versicherungsgesellschaft der Welt – Lloyd's in London – hat unzählige Millionen mit der Schwäche der Menschen verdient, sich über Dinge Sorgen zu machen, die fast nie passieren. Lloyd's wettet mit seinen Kunden, dass der Notfall, das Unglück nicht geschieht, das sie befürchten. Nur nennt man es dort nicht wetten. Man nennt es versichern!

18.

APRIL

Nicht was wir haben oder was wir sind oder wo wir sind oder was wir tun, macht uns glücklich oder unglücklich, sondern wie wir uns dazu stellen. Zwei Menschen können sich am gleichen Ort befinden und das Gleiche tun, beide mögen gleich viel Geld und Ansehen besitzen – und doch kann der eine todunglücklich sein und der andere glücklich. Der Grund dafür liegt in ihrer verschiedenen geistigen Einstellung zu den äußeren Umständen.

19.

APRIL

Haben Sie schon mal Sägemehl gesägt?

Natürlich kann man kein Sägemehl sägen! Es ist ja bereits gesägt. Denselben Fall haben wir bei der Vergangenheit. Wenn Sie anfangen, sich über Dinge Sorgen zu machen, die längst passiert sind, versuchen Sie eigentlich nichts anderes, als Sägemehl zu sägen.

20.

APRIL

Die alten Chinesen waren klug – klug im praktischen Sinne; eines ihrer Sprichworte lautet: «Wer kein freundliches Gesicht hat, soll keinen Laden aufmachen.»

Ein Lächeln ist eine Botschaft des guten Willens. Ein Lächeln verschönt jedem, der es sieht, den Tag. Wer nichts wie Stirnrunzeln, finstere Mienen und abgewandte Gesichter gesehen hat, auf den wirkt ein Lächeln, wie wenn die Sonne durch die Wolken bricht. Wer zudem unter dem Druck von Vorgesetzten, Kunden, Lehrern, Eltern oder Kindern steht, dem kann ein Lächeln zeigen, dass nicht alles hoffnungslos ist – dass es in der Welt auch Freude gibt.

21.

APRIL

Angenommen, wir sind völlig mutlos und haben jede Hoffnung aufgegeben – dann gibt es zwei Gründe, warum wir es doch noch einmal probieren sollten, zwei Gründe, warum wir alles zu gewinnen und nichts zu verlieren haben.

Grund Nummer eins: Vielleicht schaffen wir es doch.

Grund Nummer zwei: Selbst wenn es uns nicht gelingt, zwingt uns schon allein der Versuch, unser Minus in ein Plus zu verwandeln, nach vorn zu sehen statt zurück. Positive Gedanken treten an die Stelle der negativen, schöpferische Kräfte werden freigesetzt und geben uns solchen Auftrieb, dass wir vor lauter Tatendrang keine Zeit und Lust mehr haben, über Dinge zu jammern, die längst vorbei und vergangen sind.

22.

APRIL

Martin Luther King wurde einmal gefragt, wie es möglich sei, dass er als Pazifist den General der Luftwaffe, Daniel «Chappie» James, den höchsten schwarzen Offizier der Nation, so bewundere. Dr. King gab zur Antwort: «Ich beurteile die Menschen nach ihren eigenen Maßstäben und nicht nach den meinen.»

23.

APRIL

Es macht sich bezahlt, wenn man so tut, *als ob* einem die Arbeit Spaß macht. Wenn Sie tun, «als ob» Sie Spaß an Ihrem Job haben, dann kann dieses bisschen Theaterspielen dazu führen, dass er Ihnen tatsächlich gefällt. Und es kann dazu führen, dass Sie weniger müde sind, weniger nervös, weniger besorgt.

24.

APRIL

Wir sollten nie vergessen, dass ein Name etwas Wunderbares ist und ausschließlich jenem Menschen gehört, mit dem wir gerade zu tun haben … sonst niemandem. Sein Name zeichnet ihn aus, macht ihn einmalig. Die Mitteilung, die wir weitergeben, oder der Wunsch, den wir äußern, gewinnen eine besondere Bedeutung, wenn wir ihnen den Namen der Person vorausschicken, an die sie gerichtet sind. Der Name wirkt Wunder, von der Kellnerin bis zum Generaldirektor.

Denken Sie daran, und Sie ersparen sich Schwierigkeiten.

25.

APRIL

Wer sich für andere interessiert, gewinnt in zwei Monaten mehr Freunde als jemand, der immer nur versucht, die andern für sich zu interessieren, in zwei Jahren.

26.

APRIL

Wenn Sie wollen, dass Ihnen die Menschen aus dem Wege gehen, hinter Ihrem Rücken über Sie lachen oder Sie gar verachten, dann kann ich Ihnen folgenden Rat geben: Hören Sie nie jemandem längere Zeit zu. Sprechen Sie unablässig von sich selber. Wenn Ihnen etwas in den Sinn kommt, während der andere noch spricht, dann warten Sie nicht, bis er ausgeredet hat: Fallen Sie ihm ins Wort und unterbrechen Sie ihn mitten im Satz.

Sie glauben, dass Sie solche Menschen kennen? Ich leider auch, und das Erstaunliche daran ist, dass einige von ihnen sogar zur Prominenz gehören – Langweiler, die von ihrem eitlen Ich und ihrer Wichtigkeit berauscht sind.

27.

APRIL

Die Chinesen haben ein Sprichwort, das die ganze Weisheit des Ostens birgt: «Wer sanft auftritt, kommt weit.»

Fünftausend Jahre lang haben die kultivierten Chinesen das Wesen des Menschen studiert und sind zu großer Weisheit gelangt: «Wer sanft auftritt, kommt weit.»

28.

APRIL

Der direkte Weg zum Herzen eines Menschen führt über jene Dinge, die dem betreffenden Menschen besonders am Herzen liegen. Alle guten Menschenkenner wissen das.

29.

APRIL

Pete Barlow war ein alter Freund von mir. Er führte mit Hunden und Ponys eine Tiernummer vor und verbrachte sein Leben zwischen Wanderzirkus und Varieté. Ich schaute ihm gerne dabei zu, wenn er neue Hunde für seine Nummer dressierte. Sobald ein Hund auch nur den kleinsten Fortschritt machte, lobte und streichelte ihn Pete, gab ihm ein Stück Fleisch und machte großes Aufheben von der Sache.

Das ist nicht neu; diese Technik wird von Dompteuren schon seit Hunderten von Jahren praktiziert.

Ich frage mich bloß, warum wir den gleichen gesunden Menschenverstand, den wir bei der Hundedressur anwenden, nicht auch walten lassen, wenn wir Menschen beeinflussen möchten?

30.

APRIL

Das, was Sie sind, ist nur zu einem kleinen Teil Ihr eigenes Verdienst. Denken Sie deshalb daran, dass auch ein Mensch, der sich Ihnen gegenüber gereizt, engstirnig und unvernünftig benimmt, nur zu einem ebenso kleinen Teil an seinem Verhalten schuld ist. Haben Sie Mitleid mit ihm. Schenken Sie ihm Ihr Wohlwollen.

MAI

1.

MAI

Wie kommt es, dass eine so einfache Sache wie Beschäftigung hilft, unsere Sorgen und Nöte zu vertreiben? Weil das ein Gesetz ist – eines der wichtigsten Gesetze, die die Psychologie je entdeckte. Es handelt sich dabei um Folgendes: Es ist völlig unmöglich, dass irgendein menschlicher Verstand, und sei er noch so brillant, mehr als einen Gedanken auf einmal denken kann.

2.

MAI

Fachlich tüchtige Ingenieure, Buchhalter, Architekten oder Angehörige irgendeines anderen Berufes findet man jederzeit auch für ein durchschnittliches Gehalt. Ein Mensch dagegen, der außer dem Fachwissen auch noch die Fähigkeit mitbringt, seine Ideen auszudrücken, eine leitende Stellung zu bekleiden, andere zu begeistern – eine solche Person wird mit Gold aufgewogen.

3.

MAI

Wenn wir versucht sind, für schlechte Dinge gutes Geld zu vergeuden, das heißt Lebensqualität, wollen wir uns einen Augenblick besinnen und folgende drei Fragen stellen:

1. Wie wichtig ist die Sache eigentlich, über die ich mir Sorgen mache?
2. An welchem Punkt soll ich für meine Sorge eine Grenze setzen, sie limitieren?
3. Wie viel muss ich dafür bezahlen? Habe ich etwa schon mehr bezahlt, als es wert ist?

4.

MAI

Vorwürfe sind wie Brieftauben, sie kehren immer wieder in den eigenen Schlag zurück.

5.

MAI

Ich selbst musste erst ein Dritteljahrhundert lang auf dieser alten Erde umhertappen, bevor mir endlich dämmerte, dass in neunundneunzig von hundert Fällen kein Mensch sich jemals selbst beschuldigt, mag er auch noch so sehr im Unrecht sein.

6.

MAI

Lesen Sie einmal die folgenden Worte von William James, einem der bedeutendsten Psychologen und Philosophen, die Amerika je hervorgebracht hat: «Verglichen mit dem, was wir sein könnten, sind wir nur halb wach. Wir nützen nur einen kleinen Teil unserer physischen und geistigen Gaben. Mit anderen Worten: Der Mensch lebt weit unter seinen Möglichkeiten. Er verfügt über Kräfte verschiedenster Art, die er in den meisten Fällen gar nicht mobilisiert.» Auch Sie, die Sie diese Zeilen jetzt gerade lesen, verfügen über Kräfte verschiedenster Art, die in Ihnen brachliegen. Eine dieser Gaben, die Sie womöglich nicht in vollem Ausmaß nutzen, besteht in Ihrer Fähigkeit, Menschen zu loben und zur Wahrnehmung der in ihnen schlummernden Talente zu ermuntern. Talente, die unter Kritik verkümmern, sich bei Ermunterung jedoch entfalten.

7.

MAI

In Tat und Wahrheit fühlen sich fast alle Menschen, mit denen wir zu tun haben, uns in irgendeiner Weise überlegen, und wenn wir den direktesten Weg zu ihrem Herzen einschlagen wollen, dann geben wir ihnen diskret zu verstehen, dass wir ihre Bedeutung anerkennen – aufrichtig anerkennen.

8.

MAI

Kleine Sätze wie «Es tut mir Leid, Sie zu bemühen», «Würden Sie so freundlich sein», «Darf ich Sie bitten», «Hätten Sie etwas dagegen», «Vielen Dank» – solche kleinen Höflichkeiten sind Öl im Getriebe der täglichen Arbeitsmühle – und außerdem das Zeichen einer guten Kinderstube.

9.

MAI

Es ist selbst unter den allergünstigsten Umständen schwierig, die Menschen von einer einmal gefassten Meinung abzubringen. Warum wollen Sie es sich noch schwerer machen und sich noch selber Steine in den Weg legen?

Wenn Sie etwas beweisen wollen, dann posaunen Sie das um Gottes Willen nicht erst in die Welt hinaus, sondern tun Sie es so sanft und geschickt, dass gar niemand merkt, dass Sie es tun.

10.

MAI

Seien Sie ein guter Zuhörer. Ermuntern Sie andere, von sich selbst zu sprechen.

11.

MAI

Ich habe mir ein Gedicht von dem indischen Dramatiker Kalidasa an den Spiegel geklebt:

Gruß an die Morgendämmerung

Sieh diesen Tag!
Denn er ist Leben, ja das Leben selbst.
In seinem kurzen Lauf
Liegt alle Wahrheit, alles Wesen deines Seins:
Die Seligkeit zu wachsen,
Die Freude zu handeln,
Die Pracht der Schönheit,
Denn gestern ist nur noch ein Traum,
Und morgen ist nur ein Bild der Phantasie,
Doch heute, richtig gelebt, verwandelt jedes Gestern
In einen glückseligen Traum
Und jedes Morgen in ein Bild der Hoffnung.
So sieh denn diesen Tag genau!
Das ist der Gruß der Morgendämmerung.

12.

MAI

Regen Sie sich nicht über Kleinigkeiten auf! Erlauben Sie nicht, dass unwichtige Dinge – die wahren Termiten des Lebens – Ihr Glück zerstören.

13.

MAI

Warum sollten Kinder eigentlich dankbar sein – außer wir erziehen sie zur Dankbarkeit? Undankbarkeit ist etwas Natürliches – wie Unkraut. Dankbarkeit ist eine Rose. Sie muss gedüngt und gegossen, gepflegt, geliebt und umsorgt werden.

Wenn unsere Kinder undankbar sind, wer hat die Schuld? Vielleicht wir. Wenn wir sie nie gelehrt haben, andern gegenüber dankbar zu sein, wie können wir erwarten, dass sie es bei uns sind?

14.

MAI

Es ist physisch unmöglich, traurig oder deprimiert zu sein, wenn man sich benimmt, als sei man überglücklich! Dies ist eines der kleinen fundamentalen Gesetze der Natur, das bei allen von uns wahre Wunder bewirken kann.

15.

MAI

Eine viel beschäftigte Hausfrau und Mutter hatte es sich zur Pflicht gemacht, aufmerksam zuzuhören, wenn eines ihrer Kinder mit ihr sprechen wollte. Eines Abends saß sie mit ihrem jüngsten Sohn in der Küche, als dieser nach einem kurzen Gespräch über ein Problem, das ihn beschäftigt hatte, erklärte: «Ich weiß, dass du mich sehr gern hast, Mama.»

Gerührt gab sie zur Antwort: «Natürlich habe ich dich sehr gern. Hast du jemals daran gezweifelt?»

«Nein», entgegnete der Junge, «aber ich bin ganz sicher, dass du mich gern hast, denn immer, wenn ich über etwas mit dir sprechen möchte, legst du deine Arbeit ab und hörst mir zu.»

16.

MAI

Wenn Sie oder ich Sorgen haben, wollen wir uns daran erinnern, dass wir die gute altmodische Arbeit als Heilmittel gebrauchen können: Wenn Sie und ich uns nicht beschäftigen, wenn wir dasitzen und brüten, erzeugen wir eine ganze Schar von «Wibbergibbern», wie Charles Darwin sie nannte. Und Wibbergibber sind nichts anderes als die Kobolde von einst, die uns aushöhlen und unsere Tatkraft, unseren Willen zerstören.

17.

MAI

Entspannen! Entspannen! Nichts macht Sie so schnell alt wie Spannung und Müdigkeit. Nichts wirkt sich auf Ihre Frische, Ihr Aussehen verheerender aus! Warum wird auf körperliche Entspannung so viel Wert gelegt? Weil die Medizin heute weiß, dass die Leute entspannen müssen, wenn man ihnen ihre Ängste und Sorgen austreiben will.

18.

MAI

Lernen Sie zu organisieren, zu delegieren und zu beaufsichtigen.

Viele Menschen bringen sich vorzeitig ins Grab, weil sie nie lernen, anderen Verantwortung zu übertragen, und immer darauf bestanden, alles selbst zu machen. Das Ergebnis: Die Einzelheiten und die Unübersichtlichkeit erdrücken sie. Diese Leute fühlen sich ständig gehetzt, sie machen sich Sorgen und sind nervös und angespannt. Es ist schwierig, Verantwortung zu delegieren. Und aus Erfahrung weiß ich auch, was für Reinfälle man erleben kann, wenn man an die Falschen gerät. Aber so schwierig es auch ist, Verantwortung zu delegieren, Sie müssen es tun, um Sorgen, Müdigkeit und Stress zu vermeiden.

19.

MAI

Jeder erfolgreiche Mensch liebt das Spiel, das ihm die Möglichkeit bietet, sich selbst zu bestätigen, seinen Wert zu beweisen, sich auszuzeichnen, zu gewinnen. Aus dem gleichen Grund werden auch Wettbewerbe durchgeführt, wer am schnellsten laufen, am besten kegeln, am meisten Pudding essen kann. Sie verdanken ihre Beliebtheit einzig dem menschlichen Wunsch, sich hervorzutun, dem Verlangen nach Bedeutung. Fordern Sie die andern zum Wettbewerb heraus.

20.

MAI

Seine eigenen Fehler zuzugeben – selbst wenn man sie noch nicht verbessert oder abgelegt hat – kann mithelfen, einen andern Menschen zu ändern.

21.

MAI

Eignen Sie sich folgende vier gute Arbeitsgewohnheiten an:

a) Räumen Sie alle Papiere von Ihrem Schreibtisch, die nicht unmittelbar zu Ihrer augenblicklichen Arbeit gehören.
b) Tun Sie die Dinge in der Reihenfolge ihrer Wichtigkeit.
c) Wenn Sie ein Problem haben, lösen Sie es sofort, falls Sie die zur Entscheidung nötigen Informationen haben.
d) Lernen Sie zu organisieren, zu delegieren und zu beaufsichtigen.

22.

MAI

Zeigen Sie dem andern, dass Sie eine gute Meinung von ihm haben, und er wird sich entsprechend benehmen.

23.

MAI

Wir sollten keine Sekunde damit verschwenden, uns Sorgen zu machen, um so zu sein wie andere Leute. Sie sind auf dieser Welt etwas völlig Neues! Nie zuvor, nicht seit Anbeginn aller Zeiten, hat es jemand gegeben, der genauso war wie Sie. Und auch in allen kommenden Zeitaltern wird niemand leben, der Ihnen aufs Haar gleicht. Also seien Sie Sie selbst!

24.

MAI

Wenn wir positive Gedanken des Muts und der Ruhe denken, können wir sogar den Augenblick genießen, während wir auf dem eigenen Sarg sitzen und zum Galgen fahren.

25.

MAI

Das Gesicht wahren! Wie wichtig ist das doch! Aber wie viele von uns vergessen es immer wieder! Wir trampeln rücksichtslos auf den Gefühlen der andern herum, wenn wir unsern Kopf durchsetzen, den Finger auf die Fehler der andern legen, Drohungen ausstoßen und wenn wir Kinder und Erwachsene in Gegenwart anderer tadeln, ohne je daran zu denken, wie sehr wir ihren Stolz verletzen! Dabei würden ein bisschen Nachdenken, ein rücksichtsvolles Wort und ein wenig Verständnis für die Lage des andern der ganzen Situation die Schärfe nehmen!

26.

MAI

Machen Sie Vorschläge, anstatt Befehle zu erteilen.

27.

MAI

Ich fuhr oft im Sommer nach Maine zum Fischen. Ich selbst esse für mein Leben gern Erdbeeren mit Sahne, aber ich habe herausgefunden, dass die Fische aus irgendeinem mir unbekannten Grund Würmern den Vorzug geben. Wenn ich nun also fischen ging, dachte ich nicht daran, was *mir* schmeckt, sondern daran, was die Fische mochten, und steckte nicht Erdbeeren mit Sahne an den Angelhaken, sondern köderte sie mit einem Wurm oder einer Heuschrecke.

Warum handeln wir nicht ebenso vernünftig, wenn wir nach Menschen angeln?

28.

MAI

Wenn das Schicksal uns eine Zitrone gibt – machen wir Zitronenlimonade daraus.

❋

29.

MAI

Warum machen Sie nicht auch einmal eine Pause und fragen sich: «Verdammt noch mal, worüber mache ich mir eigentlich Sorgen?» Vermutlich werden Sie feststellen, dass etwas verhältnismäßig Unwichtiges und Unbedeutendes dahinter steckt.

30.

MAI

Sagt man zu seinem Angestellten, seinem Kind oder auch zu seinem Ehepartner, er sei für gewisse Dinge zu dumm, zu ungeschickt oder unbegabt und mache alles völlig falsch, so erstickt man damit in ihm jeden Versuch im Keim, es jemals besser zu machen. Wendet man jedoch die entgegengesetzte Taktik an, indem man den andern kräftig ermuntert, die zu bewältigende Aufgabe als leicht hinstellt und ihm zu spüren gibt, dass man Vertrauen in seine Fähigkeiten hat und sogar eine ausgesprochene Begabung auf dem betreffenden Gebiet in ihm vermutet – dann wird er bis zum Morgengrauen üben, um der Vorstellung gerecht zu werden, die wir uns von ihm machen.

31.

MAI

Es ist erstaunlich, wie schnell wir uns mit fast jeder Situation abfinden – wenn wir dazu gezwungen werden. Wir passen uns an und denken nicht mehr daran.

Oft denke ich an die Inschrift an einer Kirche in Amsterdam aus dem fünfzehnten Jahrhundert. Auf Flämisch heißt es da: «So ist es. Es kann nicht anders sein.»

JUNI

1.

JUNI

Ich kann im Rückblick auf mein Leben feststellen, wo und wann ein paar Lobesworte meiner ganzen Zukunft plötzlich eine neue Wendung gaben. Vielleicht geht es Ihnen gleich wie mir. Die Geschichte jedenfalls ist reich an schlagenden Beispielen für die Zauberkraft des Lobes.

2.

JUNI

Manche Leser werden jetzt die Nase rümpfen, weil sie finden, dass ich um ein so abgedroschenes Sprichwort wie «Wein nicht über verschüttete Milch» unnötig viel Wirbel mache. Ich weiß, es ist banal, eine Binsenweisheit, eine Platitüde. Ich weiß, dass Sie es schon tausendmal gehört haben. Doch ich weiß auch, dass diese abgedroschenen Sprichwörter gerade den gefilterten Extrakt aller alten Weisheiten enthalten. Sie sind entstanden aus brennenden Erfahrungen der menschlichen Rasse und sind durch zahllose Generationen hindurch an uns weitergereicht worden.

3.

JUNI

Der gute Zuhörer ist der beste Gesellschafter.

4.

JUNI

Zweitausendzweihundert Jahre vor Christi Geburt gab König Akhtoi von Ägypten seinem Sohn einen schlauen Rat, den wir heute nötiger haben denn je: «Sei diplomatisch, dann wirst du eher erreichen, was du dir vorgenommen hast.»

Mit andern Worten: Streiten Sie sich nicht mit Ihrem Kunden oder Ihrem Ehepartner oder Ihrem Gegner herum. Sagen Sie ihm nicht, daß er Unrecht hat, reizen Sie ihn nicht, sondern seien Sie ein bisschen diplomatisch.

5.

JUNI

Wenn jemand so grenzenlos selbstsüchtig ist, dass er nicht einmal ein bisschen Glück verschenken, ein bisschen aufrichtige Anerkennung spenden kann, ohne vom andern gleich etwas dafür zu erwarten, dann geschieht ihm ganz recht, wenn er nicht weiterkommt.

6.

JUNI

Sehr oft wünscht sich der empörte Kunde oder der unzufriedene Angestellte oder der gekränkte Freund nichts weiter als einen Zuhörer, um sich auszusprechen.

7.

JUNI

Frederic Herzberg, ein berühmter Verhaltensforscher, befasste sich in einer eingehenden Studie mit der Einstellung des Menschen zur Arbeit und befragte Tausende von Erwerbstätigen vom Fabrikarbeiter bis zum Direktor. Was, glauben Sie, hat sich als stärkste Antriebskraft erwiesen – als das Verlockendste an einer Arbeit? Geld? Gute Arbeitsbedingungen? Zusatzprämien? Nichts von all dem. Den eindeutig stärksten Anreiz bildete die Arbeit selbst. War sie spannend und interessant, dann freute sich der Arbeitende darauf und fühlte sich zu guten Leistungen motiviert.

8.

JUNI

Vergessen Sie nie, dass für jeden Menschen sein Name das schönste und wichtigste Wort ist.

9.

JUNI

Der Hauptunterschied zwischen positivem und negativem Denken ist folgender: Positives Denken beschäftigt sich mit Ursache und Wirkung und führt zu logischer, konstruktiver Planung. Negatives Denken hat häufig Spannungen und Nervenzusammenbrüche zur Folge.

10.

JUNI

Beim Streiten kann man nur verlieren.

❋

11.

JUNI

Die größten und wirksamsten Heilkräfte liegen in festem Glauben, Schlaf, Musik und Lachen. Glauben Sie an Gott, lernen Sie, richtig zu schlafen, lieben Sie gute Musik, sehen Sie die komischen Seiten des Lebens – dann werden Sie gesund und glücklich!

12.

JUNI

Eine der Hauptursachen der Müdigkeit ist die Langeweile. Wir werden selten müde, wenn wir etwas Aufregendes und Spannendes tun.

13.

JUNI

Inzwischen habe ich begriffen, dass die Leute nicht an Sie oder mich denken und wissen wollen, was man über uns redet. Sie denken nur an sich selbst – vor dem Frühstück und nach dem Frühstück und weiter bis zehn Minuten nach Mitternacht. Schon wenn sie nur ein wenig Kopfweh haben, beschäftigt sie das tausendmal mehr, als wenn sie erfahren würden, dass Sie oder ich gestorben sind.

14.

JUNI

Wir sollten uns immer daran erinnern, dass es nur eine Möglichkeit gibt, glücklich zu werden: Wir dürfen keine Dankbarkeit erwarten, sondern sollen geben aus Freude am Geben.

15.

JUNI

Wenn Sie versucht sind, sich über ein Problem viele Sorgen zu machen, schreiben Sie die folgenden Fragen auf und beantworten Sie sie:

a) Wie lautet das Problem?

b) Was ist die Ursache?

c) Welche Lösungen sind möglich?

d) Welche Lösung ist die beste?

16.

JUNI

Nach einem alten Sprichwort ist ein Mensch, der sich nicht ärgern *kann*, ein Dummkopf, ein Mensch, der sich nicht ärgern *will*, ein Weiser.

17.

JUNI

Während des Zweiten Weltkriegs konnte Winston Churchill noch mit Ende sechzig und Anfang siebzig 16 Stunden am Tag arbeiten – und das über Jahre – und die Geschicke des Britischen Empire lenken. Ein unerhörter Rekord. Sein Geheimnis? Morgens arbeitete er bis elf Uhr im Bett, las Berichte, diktierte Anweisungen, telefonierte und hielt wichtige Konferenzen ab. Nach dem Mittagessen legte er sich wieder hin und schlief eine Stunde. Gegen Abend legte er sich für zwei Stunden hin, ehe er um acht Uhr zu Abend aß. Er heilte seine Müdigkeit nicht. Das war nicht notwendig. Er kam ihr zuvor. Durch seine häufigen Ruhepausen konnte er immer weiter arbeiten, munter und geistig fit, bis lange nach Mitternacht.

18.

JUNI

Unrecht zu haben ist kein Unglück.

19.

JUNI

Ich weiß aus eigener Erfahrung, dass einem sogar die begehrtesten und meistbeschäftigten Leute ihre Aufmerksamkeit und ihre Zeit schenken, wenn man sich ehrlich für sie interessiert.

Wenn wir Freunde gewinnen wollen, dann müssen wir für die anderen etwas tun – etwas, das von uns Zeit, Mühe, Selbstlosigkeit und Aufmerksamkeit fordert.

20.

JUNI

Ein Drittel unseres Lebens schlafen wir – aber niemand weiß genau, was Schlaf eigentlich ist. Wir wissen, dass es eine Gewohnheit und ein Zustand der Ruhe ist, in dem die Natur unseren durch Ängste und Sorgen aufgetrennten Ärmel wieder hochstrickt, doch wir haben keine Ahnung, wie viele Stunden der Einzelne schlafen muss.

Sich über Schlaflosigkeit Sorgen zu machen schadet viel mehr als die Schlaflosigkeit selbst.

21.

JUNI

Es gibt Menschen, die geradezu krank werden vor Verlangen nach Zuneigung und Aufmerksamkeit, um sich im Gefühl ihrer eigenen Bedeutung zu sonnen.

22.

JUNI

Wenn jemand etwas behauptet und Sie glauben, dass es nicht stimmt – oder Sie wissen sogar, dass es nicht stimmt –, ist es dann nicht viel besser, zu sagen: «Sieh mal an! Ich bin zwar bis jetzt ganz anderer Meinung gewesen, aber ich kann mich irren, das kommt häufig vor. In solchen Fällen lasse ich mich aber gerne belehren. Gehen wir der Sache doch einmal nach.»

Solche Bemerkungen wirken Wunder.

Niemand im Himmel oder auf der Erde oder im Wasser oder unter der Erde wird Ihnen widersprechen, wenn Sie sagen: «Ich kann mich irren. Gehen wir der Sache doch einmal nach.»

23.

JUNI

Die meisten Leute, die behaupten, sie hätten ein schlechtes Namengedächtnis, nehmen sich ganz einfach weder Zeit noch Mühe, richtig hinzuhören, wenn ihnen jemand vorgestellt wird. Sie entschuldigen sich dann damit, sie hätten anderes zu tun und den Kopf ohnehin schon voll.

Ein Politiker, der die Namen seiner Wähler vergisst, gerät selber in Vergessenheit. Und im geschäftlichen und gesellschaftlichen Leben ist ein gutes Namengedächtnis fast ebenso wichtig wie in der Politik.

24.

JUNI

Ein Mensch, der immer nur von sich spricht, denkt auch immer nur an sich. Möchten Sie ein guter Gesellschafter sein, dann lernen Sie, ein aufmerksamer Zuhörer zu sein. Möchten Sie, dass man sich für Sie interessiert, dann interessieren Sie sich für andere. Stellen Sie Fragen, auf die Ihnen der andere gerne antwortet. Fordern Sie ihn auf, von sich und seinen Taten zu erzählen.

Vergessen Sie nie, dass Ihr Gesprächspartner hundertmal mehr an sich selbst, seinen Wünschen und Problemen interessiert ist als an Ihnen und Ihren Problemen. Seine Zahnschmerzen sind ihm wichtiger als die Hungersnot in Indien, an der eine Million Menschen zugrunde gehen. Ein Furunkel in seinem Nacken beschäftigt ihn mehr als vierzig Erdbeben in Afrika. Denken Sie daran, wenn Sie das nächste Mal ein Gespräch anknüpfen.

25.

JUNI

Bevor Sie morgen jemanden bitten, Ihnen etwas abzukaufen oder für wohltätige Zwecke eine Spende zu geben, halten Sie einen Augenblick inne, machen Sie die Augen zu und betrachten Sie die ganze Angelegenheit einmal aus dem Blickwinkel des andern. Stellen Sie sich die Frage: Aus welchem Grund könnte er oder sie das tun wollen? Zugegeben, das braucht Zeit, aber damit vermeiden Sie es, sich Feinde zu schaffen, und erzielen bessere Resultate – mit weniger Anstrengung und weniger durchgelaufenen Schuhsohlen.

26.

JUNI

Während des Bürgerkriegs setzte Lincoln einen General nach dem andern an die Spitze der Armee am Potomac, und einer nach dem andern versagte und trieb ihn buchstäblich zur Verzweiflung. Die halbe Nation raste gegen die unfähigen Heerführer. Lincoln jedoch handelte nach dem Prinzip: «Allen zuliebe und niemandem zuleid» und verhielt sich ruhig. Eines seiner Lieblingszitate war: «Richtet nicht, auf dass ihr nicht gerichtet werdet!» Wenn jemand sich zu harten Worten über die Südstaatler hinreißen ließ, gab Lincoln zurück: «Tadelt sie nicht. Unter ähnlichen Umständen wären wir auch nicht anders.»

27.

JUNI

Selbst wenn wir Recht haben und sich der andere eindeutig im Irrtum befindet, zerstören wir nur sein Selbstbewusstsein, wenn wir ihn bloßstellen. Der legendäre französische Flugpionier Antoine de Saint-Exupéry schrieb einmal: «Wir haben nicht das Recht, etwas zu sagen oder zu tun, das den andern in seinen eigenen Augen erniedrigt. Wichtig ist nicht, was wir von ihm denken, sondern was er von sich denkt. Einen Menschen in seiner Würde zu verletzen ist ein Verbrechen.»

28.

JUNI

Schon vor langer Zeit, hundert Jahre vor Christi Geburt, hat ein berühmter, alter römischer Dichter, Publius Syrus, gesagt: «Wir interessieren uns für die andern, wenn sie sich für uns interessieren.»

Dieses Interesse muss aber, wie jede andere menschliche Beziehung, aufrichtig sein. Es muss sich nicht nur für denjenigen bezahlt machen, der Interesse bekundet, sondern auch für den andern, dem diese Aufmerksamkeit zugedacht ist. Es ist ein Geben und Nehmen, bei dem beide Seiten gewinnen.

29.

JUNI

Eine New Yorker Telefongesellschaft stellte eine genaue Untersuchung darüber an, welches Wort in den Telefongesprächen am häufigsten vorkommt. Sie haben es sicher schon erraten: Es ist das Wörtchen «ich», «ich», «ich». Es wurde in fünfhundert Gesprächen 3900-mal gesagt. «Ich», «ich», «ich», «ich», «ich».

Wenn Sie ein Gruppenbild anschauen, auf dem Sie mit abgebildet sind, wen suchen Sie dann zuerst?

Wenn wir immer nur versuchen, den anderen Eindruck zu machen und ihr Interesse für uns zu beanspruchen, dann werden wir nie viele gute, aufrichtige Freunde haben. Freunde, wirkliche Freunde schafft man sich nicht auf diese Weise.

30.

JUNI

Möchten Sie gerne den einen oder andern Menschen aus Ihrem Bekanntenkreis ein bisschen ändern, ein bisschen umerziehen und bessern? In Ordnung. Ich bin ganz mit Ihnen einverstanden. Aber warum beginnen Sie nicht bei sich selbst? Für Sie schaut nämlich dabei mehr heraus, als wenn Sie an andern herummodeln – und es ist auch viel weniger gefährlich. «Jeder kehre den Schnee vor seiner Tür und kümmere sich nicht um das Eis, das auf dem Dach des Nachbarn liegt», sagt ein chinesisches Sprichwort.

JULI

1.

JULI

Eine negative Antwort ist immer schwer zu überwinden», schreibt der Psychologe Harry Overstreet. «Hat jemand einmal ‹Nein› gesagt, so verlangt sein persönlicher Stolz, dass er bei diesem ‹Nein› bleibt. Zwar sieht er später vielleicht ein, dass sein ‹Nein› unbesonnen war, aber seine Eigenliebe erlaubt ihm nicht, dies zuzugeben. Was er gesagt hat, daran muss er festhalten. Daher ist es von allergrößter Wichtigkeit, dass wir ein Gespräch so lenken, dass wir vom andern zu Beginn eine Reihe positiver Antworten erhalten. Damit haben wir sein Unterbewusstsein in eine bejahende Richtung gesteuert.»

2.

JULI

Selbstverständlich müssen Sie sich Gedanken über das Morgen machen, ja ganz genaue Gedanken, und Sie müssen es planen und vorbereiten. Aber Sie dürfen keine Angst haben.

3.

JULI

Sprechen Sie zuerst von Ihren eigenen Fehlern, ehe Sie den andern kritisieren.

4.

JULI

Eine der schrecklichsten Zeiterscheinungen der Gegenwart ist die Tatsache, dass die Hälfte der Klinikbetten von psychisch Kranken belegt ist, Patienten, die unter der niederschmetternden Last des angehäuften Gestern und der Angst vor der Zukunft zusammengebrochen sind. Aber die große Mehrzahl dieser Menschen hätte nicht in eine Klinik gehen müssen, sondern hätte ein glückliches, nützliches Leben führen können – wenn sie nur die Worte von Jesus beherzigt haben würden: «Darum sorget nicht für den anderen Morgen.»

5.

JULI

Vergessen Sie nicht: Kein Mensch starb je an Schlafmangel. Sorgen über Schlaflosigkeit richten gewöhnlich viel mehr Schaden an als die Schlaflosigkeit selbst.

6.

JULI

Chronische Nörgler, sogar böse Kritiker werden in Gegenwart eines geduldigen, verständnisvollen Zuhörers oft zahm – eines Zuhörers, der schweigt, während der wütende Besserwisser Gift und Galle spritzt.

7.

JULI

Es nützen uns alle Fakten dieser Erde nichts, wenn wir sie nicht analysieren und interpretieren.

Bittere Erfahrungen haben mich gelehrt, dass sich Informationen leichter analysieren lassen, wenn man sie aufgeschrieben hat. Allein alle Punkte auf einem Blatt Papier zu notieren und das Problem schriftlich klar darzustellen bringt uns ein gutes Stück weiter und hilft uns, eine vernünftige Entscheidung zu treffen. Schon Charles Kettering sagte: «Ein klar und sachlich dargestelltes Problem ist schon halb gelöst.»

8.

JULI

Man kann einem andern Menschen kaum ein größeres Kompliment machen, als wenn man ihm aufmerksam zuhört.

9.

JULI

Ich habe zwölf Jahre lang Vieh gezüchtet. Aber ich habe nie erlebt, dass eine Jersey-Kuh Fieber bekam, weil das Gras auf der Weide wegen Wassermangel verdorrte oder vor Feuchtigkeit und Kälte verfaulte oder weil ihr Freund einer anderen jungen Kuh schöne Augen machte. Die Tiere begegnen Nacht und Stürmen und Hunger mit Gelassenheit. Sie haben nie einen Nervenzusammenbruch oder bekommen Magengeschwüre. Und sie werden auch nie verrückt.

10.

JULI

Limitieren Sie Ihre Sorgen. Setzen Sie eine Grenze. Wägen Sie genau ab, wie viel Angst und Sorge eine Sache wert ist – und machen Sie auf keinen Fall Zugeständnisse.

11.

JULI

Hier ist der weise Rat eines meiner Lieblingsphilosophen, William James. «Nehmt die Dinge, wie sie sind!», meint er. «Sich mit den Gegebenheiten abzufinden ist der erste Schritt, um mit den Folgen eines Unglücks fertig zu werden.»

12.

JULI

Wenn wir uns auf das Schlimmste gefasst machen, haben wir nichts mehr zu verlieren. Und das bedeutet automatisch – dass wir *alles* zu gewinnen haben!

13.

JULI

Misstrauen Sie Ihrer spontanen Reaktion. Wir neigen dazu, uns in einer unangenehmen Situation immer gleich zu verteidigen. Seien Sie vorsichtig. Bleiben Sie ruhig und überlegen Sie Ihre erste Reaktion. Sie könnte Ihre schlechteste Seite hervorkehren und nicht Ihre beste.

14.

JULI

Hass verdirbt uns sogar die Freude am Essen. In der Bibel steht: «Es ist besser ein Gericht Kraut mit Liebe denn ein gemästeter Ochse mit Hass.»

Würden sich unsere Feinde nicht vor Freude die Hände reiben, wenn sie wüssten, dass unser Hass auf sie uns aushöhlt, uns müde und nervös und hässlich macht und wir Herzbeschwerden bekommen?

Wenn wir schon unsere Feinde nicht lieben können, wollen wir wenigstens uns selbst lieben! Lieben wir uns selbst so sehr, dass wir unseren Feinden keine Gewalt über unser Glück, unsere Gesundheit, unser Aussehen geben.

15.

JULI

Es ist nur natürlich, dass die Leute vergessen, sich zu bedanken. Wenn wir also herumlaufen und Dankbarkeit erwarten, machen wir uns nur selbst einen Haufen Kummer.

16.

JULI

Sie sind auf dieser Welt etwas ganz Neues! Seien Sie froh darüber. Machen Sie das Beste aus dem, was die Natur Ihnen mitgegeben hat. Wenn man genau hinsieht, ist jede Kunst autobiographisch. Sie können nur singen, was Sie sind. Sie können nur malen, was Sie sind. Sie müssen zu dem stehen, was Ihre Erfahrungen, Ihre Umgebung und Ihre Erbanlagen aus Ihnen gemacht haben. Sie müssen Ihren eigenen kleinen Garten bestellen – gut oder schlecht. Sie müssen Ihr eigenes kleines Instrument im Orchester des Lebens spielen – gut oder schlecht.

17.

JULI

Denken Sie daran: Wir alle lechzen nach Lob und Anerkennung und sind dafür auch fast zu allem bereit. Aber niemand begehrt Unaufrichtigkeit. Keiner verlangt nach Schmeichelei.

18.

JULI

Entspannen Sie, wann immer Sie Zeit haben! Machen Sie Ihren Körper schlaff wie eine alte Socke. Ich habe beim Arbeiten eine alte braune Socke auf meinem Schreibtisch liegen, als Erinnerung daran, wie schlapp ich sein sollte. Wenn Sie keine Socke haben, geht auch eine Katze. Haben Sie schon einmal ein Kätzchen aufgehoben, das in der Sonne schlief? Beide Enden sacken dann herunter wie nasses Zeitungspapier. Sogar die Yogis in Indien sagen, dass man die Katzen studieren soll, wenn man die Kunst der Entspannung beherrschen möchte. Ich habe nie eine müde Katze erlebt, eine Katze mit einem Nervenzusammenbruch oder eine Katze, die an Schlaflosigkeit litt, an Magengeschwüren oder die sich Sorgen machte. Wahrscheinlich werden Sie alle diese Dinge vermeiden, wenn Sie lernen, sich zu entspannen wie die Katzen.

19.

JULI

Ich weiß aus langer Erfahrung, dass man die Dinge nicht immer in der Reihenfolge ihrer Wichtigkeit erledigen kann, doch ich weiß auch, dass eine Aufstellung ihrer Wichtigkeit unendlich viel nützlicher ist, als ohne Vorbereitung den Tag sozusagen vom Blatt zu spielen. Sogar Robinson Crusoe auf seiner einsamen Insel machte sich einen genauen Stundenplan für jeden Tag.

20.

JULI

Die menschliche Natur verlangt unbedingt danach, ihre Persönlichkeit auszudrücken. Warum handeln wir nicht nach dieser Erkenntnis? Wenn wir eine großartige Idee haben, dann protzen wir damit herum, anstatt den anderen den Gedanken nur zu suggerieren und sie die Idee selbst ausbacken zu lassen. Sie betrachten sie dann nämlich als ihre eigene, sind stolz darauf – und lassen sie womöglich gleich in mehrfacher Auflage von Ihnen ausführen.

21.

JULI

Ich bin zu der Einsicht gekommen, dass es auf der ganzen weiten Welt nur eine Möglichkeit gibt, eine Auseinandersetzung zu einem glücklichen Ende zu bringen, indem man ihr aus dem Weg geht und sie meidet wie die Pest.

22.

JULI

Es gibt Tausende von müden, mutlosen und schlecht bezahlten Vertretern. Warum? Weil sie immer nur an das denken, was sie wollen. Sie merken nicht, dass weder Sie noch ich etwas kaufen wollen. Sonst würden wir nämlich hingehen und es kaufen. Wir sind ewig nur an unseren eigenen Problemen interessiert. Wenn ein Vertreter uns demonstrieren kann, dass seine Dienste oder seine Ware helfen, unsere Probleme zu lösen, dann braucht er sich den Mund nicht wund zu reden. Dann kaufen wir. Ein Kunde will das Gefühl haben, dass er etwas kauft – nicht, dass ihm etwas verkauft wird.

23.

JULI

Fast jedermann hält sich selber für bedeutend, sehr bedeutend sogar.

Das Leben zahlreicher Menschen könnte geändert werden, wenn ihnen nur jemand das Gefühl von Bedeutung gäbe.

24.

JULI

Ein Journalist, der Hunderte von Berühmtheiten interviewt hat, erklärte mir einmal, dass viele Menschen nur deshalb einen ungünstigen Eindruck hinterlassen, weil sie nicht aufmerksam zuhören. Sie sind so sehr damit beschäftigt, was sie als Nächstes sagen wollen, dass ihre Ohren taub sind … Berühmte Menschen haben mir gestanden, dass sie einen guten Zuhörer mehr schätzen als einen guten Redner, doch die Fähigkeit zuzuhören scheint seltener als jede andere positive Eigenschaft.

25.

JULI

Eine Lektion werde ich niemals vergessen! Immer wenn ich versucht bin, mir wegen irgendetwas Sorgen zu machen, das ich wahrscheinlich doch nicht ändern kann, zucke ich mit den Achseln und sage mir: «Denk nicht mehr dran!»

26.

JULI

Kritik ist nutzlos, denn sie drängt den andern in die Defensive, und gewöhnlich fängt er dann an, sich zu rechtfertigen. Kritik ist gefährlich, denn sie verletzt den Stolz des andern, kränkt sein Selbstgefühl und erweckt seinen Unmut.

27.

JULI

Zarathustra sagte: «Anderen Menschen Gutes zu tun ist keine Pflicht. Es ist eine Freude, denn damit wächst unsere eigene Gesundheit und Glückseligkeit.» Benjamin Franklin fasste es knapp und einleuchtend so zusammen: «Wenn du andern Gutes tust, tust du dir das Beste.»

28.

JULI

Niemand braucht so bitternötig ein Lächeln wie derjenige, der für andere keines mehr übrig hat!

29.

JULI

Wir wollen unseren Geist mit Gedanken an Frieden, Mut, Gesundheit und Hoffnung erfüllen, denn unser Leben ist das Produkt unserer Gedanken.

30.

JULI

Es gibt auf der ganzen Welt nur eine einzige Methode, um andere Menschen zu beeinflussen: mit ihnen über das zu sprechen, was *sie* haben möchten, und ihnen zeigen, wie sie es bekommen können.

31.

JULI

Ein einziger Wunsch, der beinahe so groß, so übermächtig ist wie das Verlangen nach Essen und Schlaf, wird selten erfüllt. Freud nennt ihn den «Wunsch nach Geltung», Dewey bezeichnet ihn als den «Wunsch, bedeutend zu sein».

AUGUST

1.

AUGUST

Haben wir Unrecht, so geben wir es vor uns selber manchmal zu. Manchmal sogar vor andern, sofern sie sich freundlich und taktvoll benehmen. Dann sind wir stolz auf unsere Offenheit und Großzügigkeit. Entreißen aber lassen wir uns das Geständnis unseres eigenen Irrtums unter keinen Umständen.

2.

AUGUST

Ein Drittel unserer Manager richten sich körperlich zugrunde, noch ehe sie fünfundvierzig sind! Was für ein Preis für den Erfolg! Und dabei stimmt es ja gar nicht. Kann man noch von Erfolg sprechen, wenn ein Angestellter eine Beförderung mit Magengeschwüren oder Herzbeschwerden bezahlt? Was hat ein Mensch davon, wenn er die ganze Welt gewinnen könnte und dafür seine Gesundheit verlöre? Selbst wenn einem die ganze Welt gehörte – man kann doch nur in einem einzigen Bett schlafen und auch nur dreimal am Tag essen.

3.

AUGUST

Beherrschen Sie sich. Denken Sie daran, dass sich die Größe eines Menschen darin zeigt, worüber er sich ärgert.

4.

AUGUST

Die Weiße Königin sagt in «Alice im Wunderland»: «In der Regel gibt es morgen Marmelade, und gestern gab es welche, bloß heute gibt es nie Marmelade.» Die meisten von uns sind so – sie ärgern sich über die Marmelade von gestern oder machen sich wegen der von morgen Sorgen, statt sie heute dick aufs Brot zu streichen.

5.

AUGUST

Auf lange Sicht trägt Schmeichelei dem Schmeichelnden mehr Schaden ein als Nutzen. Schmeichelei ist falsch, und wie Falschgeld kann auch Schmeichelei demjenigen Schwierigkeiten bereiten, der versucht, sie bei andern anzubringen.

6.

AUGUST

Sie und ich könnten wahrscheinlich augenblicklich neun Zehntel unserer Sorgen und Nöte streichen, wenn wir einen Augenblick unsere Grübeleien sein lassen und uns darüber informieren würden, ob wir nach der Wahrscheinlichkeitsrechnung überhaupt einen echten Grund für sie haben.

7.

AUGUST

Der Weg zur Vernunft führt über das Herz.

8.

AUGUST

Die Sonne veranlasst uns schneller als der Wind, unseren Mantel auszuziehen; Güte und Freundlichkeit bringen einen Menschen eher dazu, seine Meinung zu ändern, als alle Predigten und Drohungen der Welt.

Denken Sie daran, was Lincoln sagte: «Mit einem Tropfen Honig fängt man mehr Fliegen als mit einer Kanne voll Galle.»

9.

AUGUST

Allein vor sich hin zu brüten und seine Sorgen für sich zu behalten verursacht große Nervenanspannungen. Wir alle müssen unsere Schwierigkeiten, unsere Ängste und Sorgen mit andern Menschen teilen. Wir brauchen das Gefühl, dass es jemand auf der Welt gibt, der zum Zuhören bereit ist und uns verstehen kann.

10.

AUGUST

Wenn Sie Menschen, mit denen Sie zu tun haben, dazu anregen, ihre verborgenen Talente wahrzunehmen und auszuwerten, dann ist das mehr als eine Beeinflussung. Dann nämlich können Sie einen Menschen buchstäblich verwandeln.

11.

AUGUST

Sollten Sie mittags kein Schläfchen machen können, legen Sie sich wenigstens vor dem Abendessen eine Stunde hin. Es ist billiger als ein Cocktail und auf die Dauer gesehen 5467-mal wirksamer. Eine Stunde Schlaf um fünf, sechs oder sieben Uhr abends, und Sie können eine Stunde am Tag länger wach bleiben. Wie? Warum? Weil eine Stunde Schlaf vor dem Abendessen und sechs Stunden Nachtschlaf – also zusammen sieben Stunden – Ihnen besser tun als acht Stunden Schlaf hintereinander.

12.

AUGUST

Mark Twain passierte es öfter, dass ihm der Hut hochging. Dann schrieb er Briefe, dass selbst das Papier errötete. Nach solchen gepfefferten Briefen fühlte sich Mark Twain jeweils wieder wohler. Sie ermöglichten ihm, Dampf abzulassen – und zu Schaden kam niemand dabei, denn Mark Twains Frau ließ sie insgeheim aus der Post verschwinden; sie sind nie abgeschickt worden!

13.

AUGUST

Wir sind keine verstandesbetonten Geschöpfe. Wir sind gefühlsbetont. Unsere Logik gleicht einem Kanu aus Birkenrinde, das auf einem tiefen, dunklen, stürmischen Meer der Gefühle herumgeworfen wird.

Wenn wir erfahren, dass jemand schlecht über uns geredet hat, sollten wir uns lieber nicht verteidigen. Jeder Dummkopf macht es nämlich so. Seien wir originell – und demütig – und klug! Verwirren wir unsere Kritiker doch und ernten Applaus, indem wir sagen: «Wenn er meine andern Fehler auch noch wüsste, hätte er mich viel mehr heruntergemacht.»

14.

AUGUST

Wenn Sie Ihre Sorgen und Ängste bekämpfen und Frieden und Glück finden wollen: Nehmen wir Anteil an unseren Mitmenschen und vergessen wir uns selbst. Tun wir jeden Tag eine gute Tat, die ein glückliches Lächeln auf ein Gesicht zaubert.

15.

AUGUST

Loben statt kritisieren ist das Grundprinzip von B. F. Skinners Lehre. Dieser berühmte amerikanische Verhaltensforscher hat am Beispiel von Menschen und Tieren gezeigt, dass bei weniger Kritik und mehr Lob die guten Leistungen zunehmen und die schlechten infolge mangelnder Beachtung zurückgehen.

16.

AUGUST

Um eine geistige Haltung zu entwickeln, die uns Frieden bringt: Machen wir niemand nach! Finden wir zu uns selbst und stehen wir zu uns selbst!

17.

AUGUST

Ich kenne Menschen – und Sie sicherlich auch –, deren Gesichter vor Missmut, Wut und Hass hart und faltig geworden sind. Die gesamte kosmetische Chirurgie der Christenheit könnte ihr Aussehen nicht halb so schön machen wie ein Herz voll Vergebung, Zärtlichkeit und Liebe.

18.

AUGUST

Eine erstaunliche und traurige Wahrheit ist: Millionen Menschen, die nicht einmal im Traum daran dächten, ihr Geld zu verschwenden, verschwenden und verzetteln ständig ihre Energien mit der Unbekümmertheit von sieben betrunkenen Matrosen in Singapur.

19.

AUGUST

Drei Viertel aller Menschen, mit denen Sie zu tun haben, hungern und dürsten nach Mitgefühl. Schenken Sie ihnen dieses Mitgefühl, und Sie werden dafür ihre Liebe gewinnen.

20.

AUGUST

Wenn Sie mit jemandem sprechen, sollten Sie nie mit einem Thema beginnen, über welches Sie und Ihr Gesprächspartner verschiedener Meinung sind. Fangen Sie im Gegenteil mit etwas an, worüber Sie sich einig sind. Betonen Sie, dass Sie beide dasselbe Ziel vor Augen haben und dass Ihre Ansichten lediglich darüber auseinander gehen, auf welchem Weg Sie es am besten erreichen.

Bringen Sie den andern dazu, am Anfang erst einmal «ja» zu sagen, und geben Sie ihm möglichst keine Gelegenheit, «nein» zu sagen.

Diese Taktik ist sehr einfach – und wird stark vernachlässigt. Oft hat man sogar den Eindruck, dass die Leute sich wichtig vorkommen, wenn sie die andern gleich von Anfang an zum Widerspruch reizen. Gibt uns jemand als erste Antwort ein «Nein», dann braucht es die Weisheit und Geduld von Engeln, um dieses «Nein» in ein «Ja» zu verwandeln.

21.

AUGUST

Ermutigen Sie den andern! Geben Sie ihm das Gefühl, dass er seine Fehler spielend leicht verbessern kann.

22.

AUGUST

Man kann auch kritisieren, ohne sich unbeliebt zu machen.

23.

AUGUST

Als ich noch ein kleiner Junge war, las ich eines Tages eine Fabel von der Sonne und vom Wind. Die beiden stritten sich darüber, wer von ihnen der Stärkere sei, und der Wind sagte: «Ich bin stärker als du. Siehst du dort unten den alten Mann im Mantel? Ich wette, ich kann ihn schneller dazu bringen, seinen Mantel auszuziehen, als du.»

Die Sonne schlüpfte hinter eine Wolke, und der Wind blies und blies. Doch je kräftiger und stürmischer er blies, umso fester hüllte sich der Mann in seinen Mantel.

Schließlich ließ der Wind nach und gab auf. Da kam die Sonne hinter der Wolke hervor und lächelte freundlich auf den alten Mann hinunter. Bald schon trocknete er sich die Stirn vom Schweiß und zog seinen Mantel aus. Hierauf sagte die Sonne zum Wind, dass Güte und Freundlichkeit immer stärker sind als Kraft und Gewalt.

24.

AUGUST

Solange das Herz eines Menschen mit Zwietracht und Feindschaft erfüllt ist, kann man es mit aller Logik der Welt nicht bekehren. Scheltende Eltern, tyrannische Vorgesetzte und Ehemänner sowie nörgelnde Ehefrauen sollten sich merken, dass kein Mensch gerne seine Meinung ändert und dass man niemanden mit Gewalt zu einer Überzeugung zwingen kann. Möglicherweise kann man ihn aber mit Sanftmut und Freundlichkeit dazu bringen.

25.

AUGUST

Benjamin Franklin, der in seiner Jugend ausgesprochen taktlos war, wurde später ein so geschickter Diplomat, dass man ihn als Botschafter nach Frankreich entsandte. Das Geheimnis seines Erfolges? «Ich sage über niemanden etwas Schlechtes und über jeden alles Gute, das ich über ihn weiß.»

26.

AUGUST

Wenn wir schon wissen, dass uns eine Abreibung erwartet, ist es dann nicht weit besser, dem andern zuvorzukommen und sie uns selber zu erteilen? Ist es nicht viel leichter, sich selber zu kritisieren, als Vorwürfe aus fremdem Mund zu hören?

Sagen Sie selbst all die nachteiligen Dinge über sich, die der andere über Sie denkt oder sagen möchte oder sagen wird – und sagen Sie sie, bevor er Gelegenheit dazu hat. Ihre Chancen stehen hundert zu eins, dass er eine großmütige, versöhnliche Haltung einnimmt und Ihre Fehler bagatellisiert.

27.

AUGUST

Machen Sie selber mit sich aus, was Ihnen lieber ist: der theoretische, theatralische Sieg oder das Wohlwollen Ihres Gegners. Beides zugleich kann man selten haben.

Sie können tausendmal im Recht sein und es des Langen und Breiten beweisen – das überzeugt den andern genauso wenig, wie wenn Sie im Unrecht wären.

28.

AUGUST

Der Redakteur einer Zeitschrift erklärte, dass er irgendeine der Geschichten, die täglich zu Dutzenden auf seinem Schreibtisch landen, herauspicken könne und nach den ersten Sätzen schon spüre, ob ihr Verfasser die Menschen liebt oder nicht. «Wenn ein Autor die Menschen nicht mag», sagte er, «dann mögen die Leute auch seine oder ihre Geschichten nicht. Wer sich für seine Mitmenschen nicht interessiert, der wird mit seinen Kurzgeschichten nie im Leben Erfolg haben.»

Wenn das auf das Schreiben von erfundenen Geschichten zutrifft, dann können Sie sicher sein, dass es auch für den persönlichen Kontakt von Mensch zu Mensch gilt.

29.

AUGUST

Es dauerte Jahre und kostete mich Tausende von Dollar, ehe ich begriff, dass es sich nicht lohnt zu streiten und dass es viel einträglicher und interessanter ist, die Dinge einmal aus der Sicht des andern zu betrachten und ihn dazu zu bringen, dass er «ja» sagt.

30.

AUGUST

Die Welt ist voll habgieriger, selbstsüchtiger Menschen. Deshalb haben die wenigen, die selbstlos versuchen, anderen zu dienen, einen ungeheuren Vorteil. Sie stehen praktisch konkurrenzlos da. Ein Mensch, der sich in die Lage der andern versetzen kann und Verständnis aufbringt für deren Überlegungen, braucht um seine Zukunft nicht zu bangen.

31.

AUGUST

Ein Lächeln wirkt Wunder – selbst wenn man es gar nicht sieht. Die amerikanischen Telefongesellschaften haben ein spezielles Lehrprogramm entwickelt für Leute, die ihre Dienste oder Waren am Telefon verkaufen. Darin wird empfohlen, immer zu lächeln, während man telefoniert. Das Lächeln «klingt» aus der Stimme.

SEPTEMBER

1.

SEPTEMBER

Sollten Sie also auch getreten und kritisiert werden, denken Sie immer daran, dass manche Leute dies tun, weil es ihnen ein Gefühl von Wichtigkeit gibt.

2.

SEPTEMBER

Für einen gesunden Schlaf ist vor allem ein Gefühl der Sicherheit nötig. Wir wollen glauben, dass eine Macht, die größer ist als wir, sich bis zum nächsten Morgen um uns kümmert.

3.

SEPTEMBER

Vermutlich hätte ich es nie geschafft, wenn ich mir weiter Sorgen gemacht haben würde, denn eine der übelsten Folgen einer solchen Geistesverfassung ist die Zerstörung der Konzentrationsfähigkeit. Wenn wir Angst haben, springen unsere Gedanken hierhin und dorthin, und wir verlieren alle Entscheidungskraft. Doch wenn wir uns zwingen, das Schlimmste ins Auge zu fassen und in Gedanken zu akzeptieren, schalten wir damit alle diese vagen Grübeleien aus und versetzen uns in eine Lage, in der wir uns auf unser Problem konzentrieren können.

4.

SEPTEMBER

Vor Jahren entdeckte ich, dass ich zwar die Menschen nicht davon abhalten kann, mich ungerechtfertigterweise zu kritisieren, dass ich aber etwas viel Wichtigeres tun konnte: Ich konnte beschließen, ob ich mich davon betroffen fühlen wollte oder nicht.

5.

SEPTEMBER

Geben Sie dem andern die Möglichkeit, das Gesicht zu wahren.

6.

SEPTEMBER

Wenn ich zurückblicke und über meine Ausbildung nachdenke, erkenne ich, dass für mich mehr als alle andern Studien zusammengenommen das Training und die Erfahrung im Sprechen in der Öffentlichkeit von praktischem Wert waren, sowohl im Beruf wie im Leben. Warum? Weil ich dadurch meine Schüchternheit und meine Unsicherheit verloren und Mut und Selbstvertrauen gewonnen hatte, so dass ich mit Menschen umgehen konnte. Mir war dabei auch klar geworden, dass gewöhnlich derjenige die Führungsrolle übernimmt, der aufstehen und sagen kann, was er denkt.

7.

SEPTEMBER

Können Sie selbst im Großstadttrubel noch Ihren inneren Frieden bewahren? Wenn Sie ein normaler Mensch sind, ist die Antwort: «Ja, unbedingt!» Die meisten von uns sind stärker, als sie glauben. Wir besitzen innere Reserven, die wir wahrscheinlich noch nie angezapft haben.

8.

SEPTEMBER

Die Erfahrung hat mich immer wieder gelehrt, wie enorm wichtig es ist, eine Entscheidung zu treffen. Ich habe festgestellt, dass bereits fünfzig Prozent meiner Nöte verschwanden, wenn ich zu einer sauberen und definitiven Entscheidung gelangte. Und noch einmal vierzig Prozent lösten sich auf, wenn ich daran ging, diese Entscheidung auszuführen.

Also sind bereits neunzig Prozent meiner Sorgen zu Ende, nur weil ich mir die folgenden vier Fragen stelle und beantworte:

1. Worüber mache ich mir Sorgen?
2. Was kann ich tun?
3. Wie entscheide ich mich?
4. Wann setze ich meine Entscheidung in die Tat um?

9.

SEPTEMBER

Es ist leichter, sich unerfreuliche Dinge anzuhören, wenn man vorher für seine guten Eigenschaften gelobt wurde.

10.

SEPTEMBER

Philosophen haben sich während Tausenden von Jahren die Köpfe darüber zerbrochen, nach welchen Prinzipien sich die Beziehungen von Mensch zu Mensch am glücklichsten gestalten lassen, und alle ihre Überlegungen gipfelten in einer einzigen allgemein gültigen Lehre: «Alles, was ihr wollt, dass euch die Leute tun sollen, das tut ihr ihnen.»

11.

SEPTEMBER

Bei geistiger Arbeit ist es selten die Arbeitsmenge, die ermüdet. Manchmal ermüdet einen die Arbeit, die man *nicht* tut. Unsere Müdigkeit entsteht häufig nicht durch Arbeit, sondern durch Sorgen, Frustration und Unzufriedenheit über Dinge, für die wir keine Zeit finden.

12.

SEPTEMBER

George Bernard Shaw fasste einmal sehr richtig zusammen. Er sagte: «Man ist nur unglücklich, weil man Zeit hat, zu überlegen, ob man unglücklich ist oder nicht. Das ist das ganze Geheimnis.» Also grübeln Sie nicht darüber nach! Spucken Sie in die Hände und machen Sie sich ans Werk! Ihr Blut wird schneller in den Adern kreisen, Ihr Verstand wird klarer denken – und schon sehr bald wird ein großes positives Lebensgefühl Ihren Körper durchströmen und alle Sorgen aus Ihren Gedanken vertreiben. Also, beschäftigen Sie sich, arbeiten Sie, bleiben Sie am Ball! Das ist die billigste Arznei, die es auf der Welt gibt – und eine der besten.

13.

SEPTEMBER

Statt unsere Feinde zu hassen, wollen wir Mitleid für sie haben und Gott danken, dass das Leben uns nicht so gemacht hat wie sie. Statt sie mit Missbilligung und Rache zu überhäufen, sollten wir ihnen Verständnis entgegenbringen und Sympathie und ihnen helfen und vergeben und für sie beten.

14.

SEPTEMBER

Erklären Sie nie: «Jetzt will ich Ihnen einmal dies und jenes beweisen.» Das ist ganz falsch. Das ist das Gleiche, wie wenn Sie sagen würden: «Ich bin gescheiter als Sie. Ich werde Ihnen jetzt einmal etwas sagen, und dann werden wir ja sehen, wer Recht hat.»

Das ist eine Herausforderung, die zu Widerspruch reizt. Ihr Zuhörer oder Ihre Zuhörerin möchte am liebsten schon zurückschlagen, ehe Sie noch angefangen haben.

15.

SEPTEMBER

Überlegen wir doch, was wir für uns selbst erreichen, wenn wir unserer Arbeit positiv gegenüberstehen. Denken Sie immer daran, dass Sie dadurch doppelt so viel Spaß am Leben haben können, denn die Hälfte Ihrer wachen Stunden verbringen Sie bei Ihrer Arbeit, und wenn Sie in Ihrer Arbeit keine Erfüllung finden, finden Sie sie vielleicht nirgends. Erinnern Sie sich immer wieder daran, dass das Interesse an Ihrer Arbeit Sie von Ihren Sorgen ablenkt und Ihnen auf die Dauer gesehen vielleicht eine Beförderung und ein besseres Gehalt einbringt. Auf jeden Fall werden Sie auf diese Weise Ihre Müdigkeit auf ein Minimum beschränken und Ihre Mußestunden mehr genießen.

16.

SEPTEMBER

Wo Ihre Interessen liegen, da sind auch Ihre Energien. Zehn Block weit mit einer nörgelnden Ehefrau oder einem gereizten Ehemann gehen zu müssen kann ermüdender sein, als zehn Kilometer mit einem angebeteten Wesen zu wandern.

17.

SEPTEMBER

Versuchen Sie ehrlich, die Dinge vom Standpunkt des andern aus zu sehen.

18.

SEPTEMBER

Jeder Mensch sucht nach dem Glück – und es gibt einen sicheren Weg, es zu finden: Man muss seine Gedanken kontrollieren. Glück hängt nicht von äußeren Umständen ab, sondern von unserem inneren Zustand.

19.

SEPTEMBER

Taten sprechen deutlicher als Worte, und ein Lächeln will sagen: Ich mag Sie. Sie machen mich glücklich. Ich freue mich, Sie zu sehen.

Deshalb sind ja auch die Hunde so beliebt. Sie freuen sich dermaßen, uns zu sehen, dass sie vor Wonne beinah aus der Haut fahren. Und dann freuen wir uns natürlich ebenfalls.

Das Gleiche passiert, wenn uns ein kleines Kind anlächelt.

20.

SEPTEMBER

Unsere geistig-seelische Haltung hat eine fast unglaubliche Wirkung, auch auf unsere Körperkräfte.

Es ist unglaublich, was für Kräfte unsere geistig-seelische Einstellung entfalten kann.

21.

SEPTEMBER

Warum immer nur von seinen eigenen Wünschen sprechen? So etwas ist albern und kindisch. Natürlich sind wir in erster Linie und immer und ewig daran interessiert, was wir selbst haben möchten. Aber das kümmert außer uns keinen Menschen. Die anderen machen es nämlich genauso wie wir: Sie denken immer nur an das, was sie selbst gerne hätten.

22.

SEPTEMBER

Falls Sie es darauf abgesehen haben, eine Hand voll Leute schon morgen derart zu verstimmen, dass sie Ihnen während Jahrzehnten, sogar bis zu Ihrem Tode noch grollen, dann brauchen Sie nichts weiter zu tun, als die entsprechenden Menschen scharf zu kritisieren, egal, wie berechtigt diese Kritik auch immer sein mag.

23.

SEPTEMBER

Ruhen Sie sich häufig aus. Machen Sie es wie Ihr Herz – *ruhen Sie sich aus, ehe Sie müde werden,* und Sie können eine Stunde am Tag länger aufbleiben.

24.

SEPTEMBER

Ich hatte einmal die Marotte zu fasten. Es war nicht sehr schwierig, am Ende des sechsten Tages war ich weniger hungrig als am Ende des zweiten. Sie und ich aber wissen, dass es als ein Verbrechen angesehen würde, wenn jemand seine Familie oder seine Angestellten sechs Tage lang ohne Nahrung ließe; hingegen lässt man sie sechs Tage, sechs Wochen, manchmal sogar sechzig Jahre lang ohne ein herzliches Wort der Anerkennung, wonach sie mindestens ebenso hungern wie nach Brot.

Wohl versorgen wir unsere Kinder, Freunde und Angestellten mit körperlicher Nahrung, selten jedoch nähren wir ihre Selbstachtung. Wir setzen ihnen Schnitzel und Kartoffeln vor, damit sie bei Kräften bleiben; aber wir denken nicht daran, ihnen ein paar anerkennende Worte zu sagen, die in ihrer Erinnerung weiterklingen würden wie die Töne einer Äolsharfe.

25.

SEPTEMBER

Haben Sie je darüber nachgedacht, dass es auf der ganzen Welt nur einen einzigen Weg gibt, einen Menschen dazu zu bringen, etwas Bestimmtes zu tun? Man muss erreichen, dass er es selber tun *will!* Eine andere Möglichkeit gibt es nicht.

26.

SEPTEMBER

In seiner Radioserie «Der Rest der Geschichte» erzählte Paul Harvey einmal, wie aufrichtige Anerkennung das ganze Leben eines Menschen ändern kann. Er berichtete, wie vor Jahren eine Lehrerin ihren Schüler Stevie Morris bat, ihr dabei zu helfen, eine Maus zu finden, die sich ins Schulzimmer verirrt hatte. Damit zollte sie der Tatsache Anerkennung, dass Stevie eine Gabe hatte, die außer ihm sonst keiner in der Klasse besaß. Die Natur hatte den Jungen mit einem außerordentlich feinen Gehör für seine blinden Augen entschädigt. Und das war das erste Mal in seinem Leben, dass Stevie für seine Ohren Anerkennung erhielt. Wie er später selbst sagte, war dieser Ausdruck von Anerkennung für ihn der Beginn eines neuen Lebens. Von da an trainierte er sein Gehör und wurde unter dem Namen Stevie Wonder einer der größten Popsänger und Liedermacher der siebziger Jahre.

27.

SEPTEMBER

Es kommt vor, dass der andere völlig im Unrecht ist. Aber er glaubt trotzdem, dass er Recht hat. Werfen Sie es ihm nicht vor. Vorwürfe machen kann jeder Trottel. Versuchen Sie, den andern zu verstehen. Dazu nämlich braucht es kluge, großzügige und überdurchschnittliche Menschen.

Es gibt immer einen Grund, warum der andere so und nicht anders denkt und handelt. Finden Sie diesen Grund heraus, und Sie haben damit den Schlüssel zu seinem Verhalten, vielleicht sogar zu seiner Persönlichkeit in der Hand.

Versuchen Sie ehrlich, sich an seine Stelle zu versetzen.

28.

SEPTEMBER

Sprechen Sie zu den Menschen, über sie selbst, und sie werden Ihnen stundenlang zuhören», sagte Disraeli, einer der gerissensten Männer, die je das britische Weltreich regiert haben.

29.

SEPTEMBER

Sie werden niemals Schwierigkeiten bekommen, wenn Sie zugeben, dass Sie sich vielleicht irren. Das macht jeden Streit unmöglich und veranlasst den anderen, ebenso korrekt und großzügig zu sein. Es drängt ihn, zuzugeben, dass er sich ebenfalls irren könnte.

30.

SEPTEMBER

In seinem Buch «Ich bin nicht viel – aber ich bin alles, was ich habe» schreibt der Psychologe Jess Lair: «Lob wirkt auf den Geist des Menschen wie Sonnenschein; ohne ihn können wir nicht wachsen und blühen. Aber weil die meisten von uns darauf versessen sind, den andern mit dem kalten Wind der Kritik anzublasen, zögern wir immer wieder, unserem Nächsten die wärmende Sonne des Lobs zu spenden.»

OKTOBER

1.

OKTOBER

Warum, glauben Sie, sind Ihre Autoreifen zum Fahren so geeignet und können so viel aushalten? Anfangs wollten die Firmen Reifen produzieren, die den Stößen der Straße widerstanden. Die Dinger zerrissen schnell. Da stellte man einen Reifen her, der alle Stöße und Schläge auffing. Jener Reifen hielt sie aus. Sie und ich, wir leben länger und können bequemer fahren, wenn wir lernen, die Schläge und Stöße auf dem steinigen Weg unseres Lebens abzufangen.

2.

OKTOBER

Wir wollen uns immer daran erinnern, dass es nur eine Möglichkeit gibt, glücklich zu werden: Wir dürfen keine Dankbarkeit erwarten, sondern sollen geben aus Freude am Geben.

3.

OKTOBER

Loben Sie jeden Erfolg, auch den geringsten. Seien Sie herzlich in Ihrer Anerkennung und großzügig mit Lob.

4.

OKTOBER

Wir brauchen uns nur das geistige Rüstzeug zu beschaffen, um mit den verschiedenen Arten von Ängsten fertig zu werden. Wir müssen die drei wichtigsten Punkte der Problemanalyse lernen:

1. Die Tatsachen sammeln.
2. Die Tatsachen analysieren.
3. Eine Entscheidung treffen – und danach handeln.

5.

OKTOBER

Beschäftigungstherapie nennt man heute, wenn Psychiater ihren Patienten Arbeit verschreiben, als sei sie ein Medikament. Das ist gar nicht neu. Die Ärzte der alten Griechen traten schon fünfhundert Jahre vor Christi Geburt dafür ein.

6.

OKTOBER

Wenn ich historische Werke lese oder Biographien oder Menschen beobachte, die es im Leben nicht leicht haben, bin ich immer wieder erstaunt und begeistert über die Begabung mancher Leute, sich mit ihren Sorgen und Ängsten und schweren Schicksalsschlägen abzufinden und in ihrem Leben relativ glücklich zu werden.

7.

OKTOBER

In der Rechtsprechung handelt man nach dem Grundsatz: *De minimis non curat lex* – das Gesetz kümmert sich nicht um Kleinigkeiten. Das sollten auch die Menschen bedenken, die sich ständig über irgendetwas Sorgen machen, wenn sie inneren Frieden finden wollen.

In den meisten Fällen brauchen wir nur unseren Blickwinkel zu verändern, und der Ärger über Kleinigkeiten verschwindet. Wir müssen die Sache nur neu und positiv sehen.

8.

OKTOBER

Sorgen können selbst den unerschütterlichsten Menschen krank machen.

9.

OKTOBER

Eine Umfrage wurde durchgeführt, um festzustellen, was die erwachsenen Amerikaner eigentlich lernen möchten. Die Umfrage ergab, dass die Erwachsenen sich in erster Linie für die Gesundheit interessieren – und an zweiter Stelle für die Menschen: wie man sie verstehen und mit ihnen auskommen kann; wie man ihre Sympathie gewinnen kann; wie man sie für seine eigenen Gedanken einnehmen kann.

10.

OKTOBER

Benützen Sie die Wahrscheinlichkeitsrechnung, um Ihre Sorgen und Ängste abzubauen. Fragen Sie sich immer: «Wie groß ist die Wahrscheinlichkeit, dass diese Sache tatsächlich passiert?»

11.

OKTOBER

Was wünscht sich der Mensch? Nicht viel, aber dafür ein paar Dinge umso nachdrücklicher. Dazu gehören:

1. Gesundheit und ein langes Leben
2. Nahrung
3. Schlaf
4. Geld und alles, was man damit kaufen kann
5. ein Leben im Jenseits
6. sexueller Genuss
7. gesunde Kinder
8. das Gefühl, «bedeutend» zu sein

Fast all diese Wünsche gehen gewöhnlich in Erfüllung – bis auf einen: den Wunsch, bedeutend zu sein. Hier haben wir es mit einem nagenden, unstillbaren Hunger zu tun. Und in den Händen jener wenigen, denen es gelingt, diesen seelischen Hunger zu stillen, sind die Menschen wie Wachs.

12.

OKTOBER

An einem Abend vor über hundert Jahren, während eine Zwergohreule im Wald an der Küste von Walden Pond schrie, tauchte der Schriftsteller Henry Thoreau seinen Gänsekiel in die selbstgemachte Tinte und schrieb in sein Tagebuch: «Der Preis einer Sache ist die Menge dessen, was ich Leben nenne, die ich im Austausch dafür früher oder später hergeben muss.»

Anders ausgedrückt – wir sind Dummköpfe, wenn wir für etwas zu viel bezahlen, und zwar mit Lebensqualität.

13.

OKTOBER

Es ist nicht halb so schlimm, einen Tadel entgegenzunehmen, wenn der Kritiker zuerst einmal bescheiden zugibt, dass auch er weit davon entfernt ist, unfehlbar zu sein.

14.

OKTOBER

Hundert Prozent der Müdigkeit eines gesunden Menschen mit sitzender Lebensweise ist auf psychologische Faktoren zurückzuführen, womit wir emotionale Faktoren meinen.

Was sind das für emotionale Faktoren, die den Menschen mit sitzender Lebensweise ermüden? Freude? Zufriedenheit? Nein, niemals. Langeweile, Unmut, ein Gefühl, verkannt zu werden, Frustration, Hast, Angst, Sorge – das sind emotionale Faktoren, die ihn erschöpfen, grippeanfällig machen, seine Leistung beeinträchtigen und ihn mit einem nervösen Kopfweh nach Hause schicken. Ja, wir werden müde, weil unsere Gefühle im Körper nervöse Spannungen verursachen.

Bedenken Sie, dass ein verspannter Muskel ein arbeitender Muskel ist. Seien Sie locker! Sparen Sie Ihre Energie für wichtige Dinge!

15.

OKTOBER

Im Laufe der Jahrzehnte werden wir viele unangenehme Situationen erleben, die einfach «so sind». Wir haben die Wahl: Entweder akzeptieren wir sie als unvermeidlich und passen uns an, oder wir rebellieren und machen uns das Leben schwer und bekommen schließlich vielleicht sogar einen Nervenzusammenbruch.

16.

OKTOBER

Sagen Sie mir, was Ihnen das Gefühl von Bedeutung gibt, und ich sage Ihnen, wer Sie sind, denn daran lässt sich Ihr Charakter ablesen.

17.

OKTOBER

An andere zu denken hält einen nicht nur von den eigenen Sorgen und Nöten ab, sondern hilft uns auch, viele Freunde zu finden und viel Spaß zu haben.

18.

OKTOBER

Man sollte sich jeden Morgen einen Ruck geben. Wir reden viel von körperlichen Übungen und wie wichtig sie sind, um uns aus dem Halbschlaf zu reißen, in dem so viele von uns umherlaufen. Aber viel dringender wäre es, täglich ein paar geistige und seelische Übungen zu machen, um uns in Gang zu bringen. Sagen wir uns jeden Tag ein paar aufmunternde Worte.

19.

OKTOBER

Wenn wir glücklich werden wollen, müssen wir aufhören, an Dankbarkeit oder Undankbarkeit zu denken, und geben aus einer inneren Freude am Schenken.

20.

OKTOBER

Versuchen wir nie, mit unseren Feinden abzurechnen, denn wir würden uns selbst mehr wehtun als ihnen. Verschwenden wir nicht eine Minute mit Gedanken an Menschen, die wir nicht mögen.

21.

OKTOBER

Es gibt wenig, was eine Frau so schnell altern lässt und so hässlich macht wie Sorgen.

22.

OKTOBER

Der Psychologe und Verhaltensforscher B. F. Skinner bewies durch seine Versuche, dass ein Tier, das für gutes Benehmen belohnt wird, viel schneller lernt und das Gelernte weitaus besser behält als ein Tier, das für schlechtes Benehmen bestraft wird. Spätere Untersuchungen haben gezeigt, dass das Gleiche auch für die Menschen gilt.

23.

OKTOBER

Bedenken wir immer, dass Dankbarkeit ein Verhalten ist, das «kultiviert» werden muss. Wenn wir also dankbare Kinder haben wollen, müssen wir sie zur Dankbarkeit erziehen.

24.

OKTOBER

Der Durchschnittsmensch ist an seinem eigenen Namen mehr interessiert als an allen anderen Namen der Welt zusammen. Wer den Namen eines andern behält und ihn immer wieder ausspricht, macht dem Betreffenden ein diskretes, aber sehr wirkungsvolles Kompliment.

25.

OKTOBER

Man kann einen Streit nie gewinnen. Wer ihn verliert, der verliert, das ist klar; wer ihn gewinnt, der verliert aber ebenfalls. Warum? Angenommen, Sie bleiben Sieger, widerlegen sämtliche Argumente Ihres Gegners und beweisen, dass er nicht ganz alle Tassen im Schrank hat. Was ist die Folge davon? Sie selber sind zwar höchst befriedigt. Aber was geschieht mit dem andern? Sie sind schuld, dass er sich unterlegen fühlt, Sie haben seinen Stolz verletzt – und das nimmt er Ihnen übel.

«Ein Mann, der überzeugt wird gegen seinen Willen, bleibt seiner Meinung treu im Stillen.»

26.

OKTOBER

Es muss Ihnen Vergnügen bereiten, Menschen zu begegnen, wenn Sie wollen, dass diese Menschen gerne in Ihrer Gesellschaft sind.

27.

OKTOBER

Unterstreichen und Markieren machen das Lesen interessanter, und außerdem findet man wichtige Stellen nachher leichter wieder. Ich schrieb einmal zwei Jahre lang an einem Buch über die Kunst, in der Öffentlichkeit zu sprechen. Trotzdem musste ich von Zeit zu Zeit immer wieder darin nachlesen, um mich zu erinnern, was ich in meinem eigenen Buch geschrieben hatte. Es ist erstaunlich, wie schnell man vergisst.

28.

OKTOBER

Ich sah kürzlich eine Büste des mexikanischen Helden General Obregon im Chapultepec-Palast in Mexico City. Unter der Büste standen die weisen Worte des Generals: «Fürchte dich nicht vor Feinden, die dich angreifen. Hüte dich vor den Freunden, die dir schmeicheln.»

29.

OKTOBER

Hass wird nicht durch Hass, sondern durch Liebe besiegt», sagte Buddha, und eine Meinungsverschiedenheit lässt sich nicht durch Streit, sondern nur durch Takt, Diplomatie und Konzilianz beilegen und durch das ehrliche Bemühen, die Sache auch einmal vom Standpunkt des andern aus zu betrachten.

30.

OKTOBER

Jeder Narr ist imstande, seine Fehler zu verteidigen – und die meisten Narren tun es auch –, aber es erhebt einen über die große Masse hinaus und verleiht einem ein stolzes Siegesgefühl, wenn man seine Fehler zugibt.

31.

OKTOBER

Der große französische Philosoph Montaigne wählte für sein Leben folgende siebzehn Worte als Wahlspruch: «Der Mensch wird nicht so sehr von dem verletzt, was geschieht, als vielmehr von seiner Meinung darüber.» Und unsere Meinung hängt einzig und allein von uns ab.

NOVEMBER

1.

NOVEMBER

Sie und ich, wir stehen genau in dieser Sekunde an der Nahtstelle zweier Ewigkeiten: die weite Vergangenheit, die ewig andauert, und die Zukunft, die sich bis zum letzten Hauch der messbaren Zeit ausdehnt. Wir können unmöglich in einer dieser Welten leben, nicht einmal für eine Sekunde. Und wenn wir es dennoch versuchen, können wir sowohl unseren Körper wie unseren Verstand zerstören. Also begnügen wir uns damit, den Zeitraum zu leben, den wir tatsächlich leben können: von jetzt bis zum Schlafengehen. «Jeder Mensch kann seine Last tragen, wie schwer sie auch ist, bis die Nacht einbricht», schrieb der Schriftsteller Robert Louis Stevenson. «Jeder Mensch kann seine Arbeit tun, wie schwer sie auch ist, für einen Tag. Jeder Mensch kann freundlich sein, geduldig, mitfühlend, rein, bis die Sonne untergeht. Und das ist alles, was im Leben wirklich zählt.»

Ja, das ist alles, was das Leben von uns verlangt.

2.

NOVEMBER

Um mit der Gewohnheit, sich Sorgen zu machen, zu brechen, ehe man selbst daran zerbricht – hier eine Regel: Prüfen wir unsere Informationen. Fragen wir uns immer: Wie groß ist die Wahrscheinlichkeit, dass die Dinge, über die ich mir Sorgen mache, auch tatsächlich passieren?

3.

NOVEMBER

Mit dieser Methode können Sie Ihre Sorgen um fünfzig Prozent reduzieren. Beantworten Sie folgende Fragen:

1. Wie lautet das Problem?
2. Was ist die Ursache?
3. Welche Lösungen sind möglich?
4. Welche Lösung wähle ich?

4.

NOVEMBER

Wenn der gesunde Menschenverstand uns sagt, dass eine Sache ist, wie sie ist – und nicht anders –, wollen wir im Namen der Vernunft nicht vor und hinter uns sehen und uns nicht nach etwas sehnen, das unmöglich ist.

5.

NOVEMBER

Wenn jemand anfängt, mich zu kritisieren, und ich nicht aufpasse, gehe ich sofort und ganz automatisch in die Verteidigung, sogar wenn ich keine Ahnung habe, was der andere sagen wird. Jedes Mal verabscheue ich mich hinterher.

6.

NOVEMBER

Der Opernsänger Jan Peerce sagte nach fünfzigjähriger Ehe: «Meine Frau und ich haben vor langer Zeit einen Vertrag abgeschlossen und auch gehalten, wie verärgert wir übereinander auch immer sein mochten. Wenn einer schreit, hört der andere zu – wenn nämlich zwei Leute gleichzeitig schreien, dann gibt es keine Verständigung, sondern nur Lärm und falsche Schwingungen.»

7.

NOVEMBER

Früher gab ich den andern die Schuld an meinen Schwierigkeiten. Doch jetzt bin ich älter geworden – und hoffentlich auch weiser – und habe erkannt, dass ich im Grunde selbst die Verantwortung für all mein Unglück trage. Viele Leute haben das im Laufe ihres Lebens erkannt. «Keinem außer mir», sagte Napoleon auf Helena, «keinem außer mir kann man die Schuld an meinem Sturz geben. Ich war mir selbst der schlimmste Feind – die Ursache meines unseligen Schicksals.»

8.

NOVEMBER

Wenn Sie oder ich zu Unrecht kritisiert werden, erinnern wir uns an die Regel: Tun Sie Ihr Bestes, und dann spannen Sie Ihren alten Regenschirm auf, damit der Regen der Kritik Ihnen nicht hinten in den Kragen läuft.

9.

NOVEMBER

Sich körperlich auszuarbeiten ist meiner Meinung nach der beste Sorgenbrecher. Gebrauchen Sie Ihre Muskeln mehr und denken Sie weniger, wenn Sie deprimiert sind. Sie werden über die Wirkung staunen. Die Sorgen gehen, wenn die Bewegung kommt.

10.

NOVEMBER

So ist die menschliche Natur: Jeder ist im Unrecht, nur nicht der Missetäter selbst. Wir machen es alle genauso. Seien wir uns deshalb darüber im Klaren, dass ein Mensch, den wir tadeln, sich womöglich rechtfertigen wird und uns seinerseits verurteilt. Oder dass er erklärt: «Ich sehe nicht, wie ich hätte anders handeln können.»

11.

NOVEMBER

Ja, wenn wir glückliche Gedanken denken, sind wir glücklich. Wenn wir unglückliche Gedanken denken, sind wir unglücklich. Wenn wir ängstliche Gedanken denken, werden wir voll Angst sein. Wenn wir Gedanken an Krankheit denken, werden wir wahrscheinlich krank. Wenn wir denken, wir versagen, werden wir bestimmt versagen. Wenn wir uns in Selbstmitleid suhlen, wird jeder uns aufs Abstellgleis schieben und uns meiden. Sie sind nicht das, was Sie denken, dass Sie sind, sondern Sie sind, was Sie denken.

12.

NOVEMBER

Wir müssen immer bedenken, dass unsere Kinder zum größten Teil das sind, was wir aus ihnen machen.

❋

13.

NOVEMBER

Wie sagte schon der kluge Ben Franklin: «Mit Widersprechen und Besserwissen kann man manchmal einen Menschen besiegen. Aber es bleibt ein leerer Sieg, denn gewinnen kann man ihn damit nie.»

14.

NOVEMBER

Lesen Sie Geschichtsbücher! Bemühen Sie sich, die Dinge aus einer Distanz von zehntausend Jahren zu sehen, und erkennen Sie, wie klein Ihre Probleme sind, gemessen an der Ewigkeit.

15.

NOVEMBER

Die gute Arbeitsgewohnheit Nummer eins heißt: Räumen Sie alle Papiere von Ihrem Schreibtisch, die nicht unmittelbar zu Ihrer aktuellen Arbeit gehören. Der bloße Anblick eines mit unbeantworteten Briefen, Berichten und Memos überhäuften Schreibtischs genügt, um Verwirrung, Spannung und Sorgen hervorzurufen.

16.

NOVEMBER

Ahmen wir niemanden nach. Finden wir zu uns selbst, und stehen wir zu uns selbst. Denn «Neid ist Unwissenheit», und «Nachahmung ist Selbstmord».

17.

NOVEMBER

Wenn wir im Recht sind, sollten wir versuchen, die andern freundlich und taktvoll für unsere Überzeugung zu gewinnen; falls wir uns aber irren – und das kommt erstaunlich häufig vor, wenn wir ehrlich sein wollen –, dann sollten wir unseren Irrtum ohne Zögern offen zugeben. Der Erfolg dieser Taktik ist verblüffend, und außerdem ist sie viel lustiger, als sich in einem solchen Fall mit allen Mitteln verteidigen und rechtfertigen zu wollen, glauben Sie mir das.

Denken Sie daran, dass man durch Streiten nur ganz selten bekommt, was man will, durch Nachgiebigkeit aber meistens mehr, als man erwartet hat.

18.

NOVEMBER

Ich habe mir zum Wahlspruch genommen: «Einfach lachen.»

Wenn man das Opfer ungerechter Kritik ist, ist so ein Motto besonders nützlich. Einem Menschen, der einem antwortet, kann man wieder eine Antwort geben, doch was kann man sagen, wenn der andere «einfach lacht»?

19.

NOVEMBER

Sogar unsere Freunde würden weit lieber von ihren eigenen Leistungen erzählen, anstatt zuzuhören, wie wir mit unseren Taten prahlen.

Der französische Philosoph La Rochefoucauld hat einmal gesagt: «Wenn Sie sich Feinde schaffen wollen, dann übertrumpfen Sie Ihre Freunde; wollen Sie sich jedoch Freunde erhalten, dann lassen Sie sich von ihnen übertrumpfen.»

Warum? Weil es unsere Freunde in ihrem Selbstgefühl bestärkt, wenn sie uns übertreffen können; werden sie aber von uns ausgestochen, so fühlen sie sich minderwertig und werden neidisch.

20.

NOVEMBER

Der Mensch tut meistens aus zwei Gründen etwas: aus einem wirklichen und aus einem idealisierten Grund.

Ausschlaggebend ist der wirkliche Grund, das ist ganz klar. Da wir aber im Herzen alle Idealisten sind, schieben wir lieber edle Motive vor. Deshalb muss man an die edleren Motive im Menschen appellieren, wenn man ihn beeinflussen will.

21.

NOVEMBER

Statt zu warten, bis unsere Gegner uns oder unsere Arbeit aburteilen, kommen wir ihnen lieber zuvor. Seien wir unsere eigenen gestrengen Kritiker. Finden wir alle unsere Schwächen heraus und stellen wir sie ab, ehe unsere Gegner die Chance haben, auch nur ein Wort darüber zu sagen.

22.

NOVEMBER

Die Geschichte wimmelt von amüsanten Beispielen, wie sich berühmte Leute abmühten, ihr Geltungsbedürfnis zu befriedigen. Amerikanische Millionäre halfen 1928, Admiral Byrds Antarktisexpedition zu finanzieren, unter der Bedingung, dass ganze Reihen von Gletschern nach ihnen benannt würden; und Victor Hugo verlangte nichts Geringeres, als dass man Paris nach ihm umbenennen sollte. Sogar der größte der Großen, Shakespeare, versuchte seinem Namen mehr Glanz zu geben, indem er sich um ein Familienwappen bemühte.

23.

NOVEMBER

Machen wir uns auf Undankbarkeit gefasst, dann brauchen wir uns nicht zu ärgern. Vergessen wir nie, dass Jesus an einem Tag zehn Aussätzige heilte – und nur ein einziger dankte ihm. Warum sollten wir mehr Dankbarkeit erwarten können als Jesus?

24.

NOVEMBER

Unterbrechen Sie andere Menschen nicht, auch wenn Sie nicht mit ihnen einverstanden sind, denn das wäre höchst ungeschickt. Sie werden nämlich nur mit halbem Ohr hinhören, was Sie zu sagen haben, solange sie selbst noch eine Menge auf dem Herzen haben, das sie gerne loswerden möchten.

25.

NOVEMBER

Häufig verhalten wir uns bei großen Tragödien in unserem Leben ganz tapfer – und dann lassen wir uns von Kleinigkeiten, von irgendeinem Ärger, unterkriegen, die nicht schlimmer sind als Halsweh. Ein hübsches Beispiel dafür gibt es in Samuel Pepys' «Tagebuch». Pepys war dabei, als Sir Harry Vane in London geköpft wurde. Als Sir Harry auf der Tribüne stand, bat er nicht um sein Leben, sondern zeigte dem Henker nur einen schmerzhaften Furunkel am Hals, den er mit seinem Beil nicht treffen sollte.

26.

NOVEMBER

Menschen, die lächeln, haben als Manager, Lehrer und Verkäufer meist mehr Erfolg, und sie erziehen glücklichere Kinder. Ein Lächeln erreicht mehr als ein Stirnrunzeln. Deshalb ist Ermunterung ein viel besserer Lehrmeister als Bestrafung.

27.

NOVEMBER

Ich bin überzeugt, dass Menschen, die betrügerische Absichten haben, in den meisten Fällen positiv reagieren, wenn man ihnen zu spüren gibt, dass man sie für ehrlich, aufrichtig und korrekt hält. Appellieren Sie an die edle Gesinnung des andern.

28.

NOVEMBER

Jemanden indirekt auf seine Fehler aufmerksam zu machen kann bei empfindlichen Menschen Wunder wirken, während offene Kritik sie unter Umständen bitter kränkt. Machen Sie den andern also nur indirekt auf seine Fehler aufmerksam.

29.

NOVEMBER

Vor einiger Zeit nahm ich in New York an einem Empfang mit Abendessen teil. Einer der Gäste, eine reiche Erbin, gab sich die größte Mühe, auf alle Anwesenden einen angenehmen Eindruck zu machen. Sie hatte ein kleines Vermögen an Diamanten, Pelzen und Perlen an. Aber für ihr Gesicht hatte sie nie etwas getan. Es zeigte Bitterkeit und Egoismus. Sie hatte noch nicht gemerkt, was nachgerade jedermann weiß, dass nämlich der Ausdruck im Gesicht einer Frau wichtiger ist als die Kleider an ihrem Leib.

30.

NOVEMBER

Niemand hat gern das Gefühl, dass ihm etwas angedreht worden ist oder dass ihm jemand gesagt hat, was er tun muss. Wir möchten viel lieber glauben, dass wir etwas aus eigenem Antrieb gekauft und nach unseren eigenen Ideen gehandelt haben. Wir möchten nach unseren Wünschen, unseren Bedürfnissen und unserer Meinung gefragt werden. Lassen Sie den andern glauben, die Idee stamme von ihm.

DEZEMBER

1.

DEZEMBER

Je länger ich lebe, umso tiefer bin ich davon überzeugt, dass Gedanken eine ungeheure Kraft haben. Ich habe viele Jahre Erwachsene unterrichtet, und ich weiß, dass Männer und Frauen in der Lage sind, Sorgen und Ängste, Furcht und verschiedene Arten von Krankheiten zu vertreiben und ihr Leben zu ändern, indem sie ihre Gedanken ändern! Ich weiß es! Ich weiß es!! Ich weiß es!!! Ich habe solche unglaublichen Veränderungen Hunderte von Malen selbst erlebt! So oft erlebt, dass ich nicht mehr darüber staune.

2.

DEZEMBER

Um Sorgen und Müdigkeit zu verhindern, machen Sie Ihre Arbeit mit Begeisterung.

3.

DEZEMBER

Man kann einem Menschen durch einen Blick, durch die Betonung oder eine Bewegung ebenso unmissverständlich zu merken geben, dass er sich irrt, wie durch Worte – aber glauben Sie vielleicht, er gibt es zu? Niemals! Denn Sie stellen ja seine Intelligenz und seine Urteilsfähigkeit in Frage, greifen seinen Stolz und sein Selbstbewusstsein an. Das veranlasst ihn zurückzuschlagen. Es bringt ihn aber keinesfalls dazu, seine Meinung zu ändern. Sie können ihm die ganze Logik von Plato oder Kant an den Kopf schmeißen, aber Sie werden ihn nicht von seinem Standpunkt abbringen, denn Sie haben ihn gekränkt.

4.

DEZEMBER

Mit den Jahren entdeckte ich, dass 99 Prozent aller Dinge, über die ich mir Sorgen machte oder vor denen ich Angst hatte, nie passierten.

5.

DEZEMBER

Alle Menschen haben Angst, aber die Mutigen schreiten darüber hinweg, manchmal in den Tod, aber immer zum Sieg, lautete das Motto der königlichen Garde im alten Griechenland. Gibt es eine größere Herausforderung, als seine Angst zu überwinden?

6.

DEZEMBER

Ein Lächeln zu Weihnachten (Inserat eines Warenhauses)

Es kostet nichts und bringt viel ein.

Es ist kurz wie ein Blitz, aber die Erinnerung daran ist oft unvergänglich.

Keiner ist so reich, dass er darauf verzichten könnte, und keiner so arm, dass er es sich nicht leisten könnte.

Es bedeutet für den Müden Erholung, für den Mutlosen Ermunterung, für den Traurigen Aufheiterung.

Man kann es weder kaufen noch erbitten, noch leihen oder stehlen, denn es hat erst dann einen Wert, wenn es verschenkt wird.

Wenn im weihnachtlichen Einkaufsrummel unser Verkaufspersonal zu erschöpft sein sollte, um Ihnen ein Lächeln zu schenken, dürfen wir Sie dann vielleicht bitten, uns eines von Ihren dazulassen?

7.

DEZEMBER

Gewisse Athener, die auf den alten barfüßigen Sokrates eifersüchtig waren und ihn beneideten, logen sich eine Anklage gegen ihn zusammen und brachten ihn vor Gericht. Er wurde zum Tode verurteilt. Als der freundliche Wärter Sokrates den Schierlingsbecher reichte, sagte er: «Nimm leicht, was sein muss!» Sokrates tat es. Er sah dem Tod mit einer Gelassenheit und Ergebung entgegen, die schon ein Hauch des Göttlichen durchwehte.

«Nimm leicht, was sein muss!» Jene Worte wurden 399 Jahre vor Christi Geburt ausgesprochen. Aber unsere geplagte alte Welt hat sie heute notwendiger denn je. *«Nimm leicht, was sein muss!»*

8.

DEZEMBER

Vergessen wir nie: Wenn wir dankbare Kinder haben wollen, müssen wir selbst dankbar sein können.

9.

DEZEMBER

Wenn wir nicht beschäftigt sind, neigen wir dazu, in uns eine Art geistiger Leere entstehen zu lassen. Aber schon jeder Physikstudent weiß, dass die Natur eine Abscheu vor dem leeren Raum hat. Die Natur füllt unseren leeren Geist. Mit was? Gewöhnlich mit Emotionen. Warum? Weil Gefühle wie Angst, Furcht, Hass, Eifersucht und Neid von Urgewalten und den dynamischen Kräften des Dschungels angetrieben werden. Derartige Gefühle sind so stark, dass sie alle friedvollen, glücklichen Gedanken und positiven Energien aus unserem Kopf verdrängen können.

10.

DEZEMBER

Noch nie hat jemand versucht, durch Schlafentzug Selbstmord zu begehen, und sicherlich wird es auch niemand versuchen. Die Natur würde ihn gegen seinen Willen zwingen zu schlafen. Wir können länger ohne Essen oder Wasser auskommen als ohne Schlaf.

11.

DEZEMBER

Vergessen wir unser eigenes Unglück, indem wir unsere Mitmenschen ein wenig glücklich machen. Wenn du andern Gutes tust, tust du dir das Beste.

12.

DEZEMBER

Der kleine Mann gerät über die geringste Kritik in helle Wut, doch der kluge Mann ist begierig, von denen zu lernen, die ihn gemaßregelt und gescholten haben und ihm «den Rang streitig machen». Walt Whitman, der Dichter, drückte es so aus:

«Haben Sie nur von denen gelernt, die Sie bewunderten, die gut zu Ihnen waren und zur Seite traten? Haben Sie nicht sehr Wichtiges von denen gelernt, die Sie nicht mochten, die sich gegen Sie zur Wehr setzten und Ihnen den Rang streitig machten?»

13.

DEZEMBER

Wenn Sie jede Stunde am Tag mit sich reden, können Sie sich so beeinflussen, dass Sie mutige und glückliche Gedanken denken. Wenn Sie sich selbst erzählen, für wie viele Dinge Sie dankbar sein müssen, können Sie Ihren Geist mit erhebenden, fröhlichen Gedanken füllen.

Denken Sie die richtigen Gedanken, und Ihre Arbeit – jede Arbeit – wird weniger unerfreulich sein.

14.

DEZEMBER

Müdigkeit verursacht häufig Sorgen und Ängste oder macht zumindest dafür anfälliger. Jeder Medizinstudent wird Ihnen sagen, dass Müdigkeit die körperliche Widerstandskraft gegen Kälte und Hunderte von Krankheiten verringert. Und jeder Psychiater wird Ihnen sagen, dass Müdigkeit auch Ihre Abwehr gegen Gefühle der Sorge und Angst vermindert. Wenn wir also verhindern, dass wir müde werden, beugen wir auch Sorgen und Ängsten vor.

15.

DEZEMBER

Möchten Sie nicht eine Zauberformel haben, mit der Sie jeden Streit vermeiden, allen Groll beseitigen und stattdessen das Wohlwollen und die Aufmerksamkeit der andern gewinnen können?

Ja? Also gut, hier ist sie. Sie brauchen nur zu sagen: «Ich mache Ihnen nicht den geringsten Vorwurf aus Ihren Ansichten. An Ihrer Stelle würde ich zweifellos genauso empfinden.»

Mit einer solchen Antwort werden Sie auch den verbohrtesten alten Streithammel beschwichtigen.

16.

DEZEMBER

Beginnen Sie jede Kritik mit Lob wie der Zahnarzt mit dem Schmerzmittel. Zwar wird nachher trotzdem gebohrt, aber es tut nicht mehr weh.

17.

DEZEMBER

Akzeptieren Sie das Unvermeidliche. Wenn Sie wissen, dass etwas über Ihre Kräfte geht, dass Sie es nicht ändern oder noch einmal machen können, sagen Sie zu sich selbst: «So ist es. Es kann nicht anders sein.»

18.

DEZEMBER

Wenn wir nicht gerade an eine bestimmte Sache denken, dann bringen wir ungefähr fünfundneunzig Prozent unserer Zeit damit zu, an uns selbst zu denken. Wenn wir einmal eine Zeit lang aufhören würden, immer nur an uns zu denken, und dafür an die guten Eigenschaften der andern, dann wären wir nicht darauf angewiesen, zu Schmeicheleien Zuflucht zu nehmen, die so billig und falsch sind, dass man sie schon als solche durchschaut, ehe sie noch ausgesprochen sind.

19.

DEZEMBER

Ich interviewte Henry Ford kurz vor seinem 80. Geburtstag. Ich war erstaunt, wie frisch und munter er aussah. Ich fragte ihn nach seinem Geheimnis. «Ich stehe nie, wenn ich sitzen kann», antwortete er. «Und ich sitze nie, wenn ich liegen kann.»

20.

DEZEMBER

Wenn Sie sicher sein könnten, auch nur in fünfundfünfzig Prozent aller Fälle Recht zu haben, dann müssten Sie an der Börse jeden Tag ein Vermögen verdienen. Wenn Sie aber nicht sicher sind, dass Sie in fünfundfünfzig von hundert Fällen Recht haben, wie können Sie dann behaupten, die andern seien im Unrecht?

21.

DEZEMBER

Ich bin im Leben viel herumgekommen und habe in den verschiedensten Erdteilen viele und berühmte Menschen kennen gelernt. Aber ich bin bis heute jenem Menschen noch nicht begegnet, wie berühmt er auch sein mochte, der nicht nach einer Anerkennung besser und einsatzfreudiger gearbeitet hätte als nach einem Tadel.

22.

DEZEMBER

Die Menschen sterben nicht an Überarbeitung. Sie sterben an Unkonzentriertheit und innerer Unruhe. Ja, weil sie ihre Energien vergeuden und sich Sorgen über die viele Arbeit machen, die nie fertig wird. Deshalb: Tun Sie die Dinge immer in der Reihenfolge ihrer Wichtigkeit.

23.

DEZEMBER

Die Form der Frage zu benützen macht einen Befehl leichter verdaulich und regt die gefragte Person sogar oft zu eigenen Einfällen an. Man nimmt einen Befehl lieber entgegen, wenn man ein entscheidendes Wort mitzureden hat, ihn sich sozusagen selbst erteilt.

24.

DEZEMBER

Wenn Sie Verhalten oder Einstellung eines andern Menschen mit Erfolg ändern wollen, sollten Sie einige grundsätzliche Richtlinien beachten:

1. Seien Sie ehrlich. Versprechen Sie nichts, das Sie nachher nicht halten können. Vergessen Sie Ihre Vorteile und konzentrieren Sie sich auf die Vorteile des andern.
2. Werden Sie sich zuerst einmal klar darüber, was Sie vom andern wollen.
3. Versetzen Sie sich dann an seine Stelle und fragen Sie sich, was der andere wirklich will.
4. Überlegen Sie, welche Vorteile der andere hat, wenn er tut, was Sie gern möchten.
5. Wägen Sie diese Vorteile gegen seine eigenen Wünsche ab.
6. Formulieren Sie Ihr Anliegen so, dass der andere den Eindruck erhält, er ziehe persönlichen Nutzen daraus.

25.

DEZEMBER

Sokrates war einer der größten Philosophen, die unsere Welt je gekannt hat. Er hat erreicht, was nur ganz wenigen gelungen ist: Er gab den Gedanken der Menschen eine andere Richtung.

Heute, mehr als zweitausend Jahre nach seinem Tod, wird er als einer der größten Lehrer verehrt, die jemals unsere wacklige Welt beeinflusst haben.

Wie er das fertig brachte? Indem er den Leuten sagte, dass sie Unrecht hätten? Bewahre, dafür war Sokrates viel zu schlau. Seine ganze Technik bestand darin, niemals eine negative Antwort zu bekommen. Er stellte seine Fragen so, dass seine Gegner zwangsläufig mit «Ja» antworten mussten. Auf diese Weise sammelte er ein Ja nach dem andern, bis er einen ganzen Arm voll hatte. Er fragte so lange, bis die andern ganz von selber, und fast ohne es zu merken, Schlüsse zogen, denen sie sich noch vor wenigen Minuten hartnäckig widersetzt hätten.

26.

DEZEMBER

Lassen Sie Vergangenes vergangen sein. Sägen Sie kein Sägemehl. Es ist schon gesägt!

27.

DEZEMBER

Jesus predigte mit seinen Worten «Liebet eure Feinde» nicht nur Moral. Er sprach auch über moderne Medizin. Als Jesus sagte: «Vergebet nicht siebenmal, sondern siebzigmal siebenmal», da sagte er Ihnen und mir, wie wir verhindern könnten, hohen Blutdruck, Herzbeschwerden, Magengeschwüre und viele andere Krankheiten zu bekommen.

28.

DEZEMBER

Zählen Sie einmal Ihre Aktivaposten zusammen, und Sie werden feststellen, dass Sie sie für alles Gold der Rockefellers, der Fords und der Morgans zusammen nicht hergeben würden. Doch wissen wir sie zu schätzen? O nein! Wie Schopenhauer sagte: «Wir denken selten an das, was wir haben, sondern immer nur an das, was uns fehlt.»

29.

DEZEMBER

Ja, ich glaube wirklich, dass dies eines der größten Geheimnisse ist, wahren inneren Frieden zu finden – ein gutes Wertgefühl. Und ich glaube auch, wir könnten fünfzig Prozent aller Sorgen sofort abbauen, wenn wir eine Art privater Goldwährung für uns einführten – einen Maßstab, was die Dinge, gemessen an unserer Lebensqualität, wert sind.

30.

DEZEMBER

Ich weiß jetzt, dass ich nie wieder Angst haben werde, ganz gleich, wie das Leben mir mitspielt. Ich weiß jetzt, dass ich keine Angst vor der Zukunft zu haben brauche. Ich weiß jetzt, dass ich bewusst einen Tag nach dem andern leben kann und dass es stimmt: «Der kluge Mann fängt jeden Tag wie ein neues Leben an.»

31.

DEZEMBER

Die Zeit heilt viele Dinge. Vielleicht löst sie auch die Probleme, die *Sie* heute haben.

Wenn Sie dieses Buch von Dale Carnegie gelesen haben, möchten Sie vielleicht mehr über das Dale-Carnegie-Training® wissen.

Vorweg:
Dale Carnegie hat dieses Buch als Lehrbuch für seine Kurse geschrieben.

Das heißt:
Was Sie über Dale Carnegies Regeln und Grundsätze gelesen haben, wird in den Dale-Carnegie-Seminaren praktisch ausprobiert, eingeübt und vertieft.

Es gibt heute verschiedenste Dale-Carnegie-Trainingsprogramme.

Sie werden in 80 Ländern der Welt durchgeführt, ständig weiterentwickelt und auf die Welt von heute zugeschnitten.

Ein Rat von Dale Carnegie:
«Vergessen Sie nicht, dass Sie die in diesem Buch aufgestellten Regeln und Leitsätze nur dann automatisch anwenden, wenn Sie sie immer wieder eingeübt und wiederholt haben.»

Und der beste Weg, die Regeln einzuüben und zu wiederholen, ist ein Dale-Carnegie-Seminar.

Fordern Sie Informationen an. Adressen finden Sie auf der Rückeite.

DALE-CARNEGIE-TRAINING®

Mehr als 4 Millionen Menschen in 80 Ländern haben ein Dale-Carnegie-Training® mitgemacht.

Der Dale Carnegie Kurs®
Für alle, die wirkungsvoller sprechen und Menschen führen wollen, die Stress abbauen müssen und neue Motivation suchen.

Dale Carnegie Führungs-Training für Manager®
Für Unternehmer, Manager und Führungskräfte, die richtigen Umgang mit Mitarbeitern im Vordergrund sehen.

Dale Carnegie Verkaufs-Training®
Für Verkäufer, Verkaufsleiter und alle, die im Verkauf nach intern wie extern in ihrem Unternehmen erfolgreicher werden wollen.

Dale Carnegie Präsentations-Training®
Für alle, die vor Gruppen reden und sich selbst, ihr Unternehmen oder ihre Produkte wirksam präsentieren wollen.

Oder:
Fragen Sie uns nach einer maßgeschneiderten Lösung spezifisch für Ihre Firma.

Mehr Informationen?
Bitte rufen Sie an.

In Deutschland:
Nordost, Südost und Österreich
Dale Carnegie Training®
Dipl.-Ing. Willi Zander
Von-Millau-Straße 12
85604 Zorneding
Telefon 0 81 06 - 2 00 91

Nordwest, Sachsen, Thüringen
Dale Carnegie Training®
Hajo Sommerfeld
Postfach 1110
28801 Stuhr
Telefon 04 21 - 89 10 11

Mitte, Südwest
Dale Carnegie Training®
Jup Juppe
Siedlerstraße 3
63128 Dietzenbach
Telefon 0 69 - 38 70 38

In der Schweiz:
Dale Carnegie Training®
Kurt Straumann
Lettenstrasse 7
6343 Rotkreuz
Telefon 0 41 - 7 90 22 82